香港浸會大學近代史研究中心專刊

近代中國牧師群體的出現

李金強　著

謹以此書紀念　周聯華牧師（1920-2016）

致謝

一九二〇年，美以美會（Methodist Episcopal Mission）之石美玉（1873-1954）與胡遵理（Jennie V. Hughs, 1874-1951）二人，同至上海建立伯特利教會，藉佈道、醫護、辦學、育孤及文字事工，建立其宣教事業。至一九三〇年更成立「伯特利環遊佈道團」，由計志文（1901-1985）、宋尚節（1901-1944）等領團佈道，足跡遍佈全國，為三〇年代中國宗教復興的一面旗幟。一九三八年因日本侵華，該會神學院及孤兒院南遷香港，繼而內遷貴州。抗戰勝利後，重返上海，終因內戰，於一九四七年再次南移香江。在該會藍如溪（1905-2004）與胡美林（1908-2004）等努力下，於九龍嘉林邊道續辦神學院、中小學幼稚園，並於香港、臺北及多倫多（Toronto）相繼建立教會。發展至今，已然百載，實為華人自立教會中的翹楚，殊值感恩紀念。

香港浸會大學歷史系近代史研究中心，成立於二〇〇二年，中心向以近現代史為研究方向，其中對基督史，尤為關注。歷來已接受香港基督教教會及團體捐獻，研究相關課題。今次荷蒙伯特利教會捐款，資助研究，已為該會之百年史研究立項。二〇二〇年正值香港伯特利教會百年嵩壽之時，中心特予出版專刊五種，包括李金強：《近代中國牧師群體的出現》、郭嘉輝：《明代衛所的歸附軍政研究——以「山後人」為例》、譚家齊：《明中晚期的法律史料與社會問題》、黃嘉康：《近代福建知識分子史論》及周子峰：《近代廈門經濟社會史論叢》。五位作者，均為中心成員，所著亦反映中心之研究方向。故以上述專刊之出版，藉此為該會首開賀慶，以表謝忱之意。

自序

近代中國處於轉型期，此乃外力入侵，而傳統體制無力肆應，自兩次鴉片戰爭爆發（1839-1842, 1858-1860），清廷始悉西方之船堅炮利，起而推動自強運動（1860-1895），此乃學效西方科技之洋務。至甲午戰爭（1894-1895）大敗，得見日本明治維新西化之成功，始悉西學之先進，群起鼓吹，是為維新運動之始起。期間由於基督宗教依隨戰敗之條約而取得在華之合法傳教權，歐美傳教士相繼東來，本基督博愛之仁心，盼望華民聆聽福音，得獲救贖歸主。此乃外來宗教，東來中土，然國民未有識荊，傳教自是不易。遂借辦學、贈醫、辦報及慈善事工，以為引介。其時信者多為下層勞苦群眾，及成信徒，其子弟相繼入學，從而獲得神學及西學新知；且就西醫而得以病愈及保健；因讀西書西報，而得以擴充環球視野；又獲慈惠而得以苟存性命於亂世。從而感恩上主，歸信益堅。此後傳統中國社會結構，逐漸湧現具有西學新知之群體，如教師、醫師、律師、會計師、工程師等。更值得注意者，原為外來之基督宗教，其初傳教者，皆歐美牧師、傳道。及至十九世紀、二十世紀之交，華人教牧、傳道，日漸增加，形成基督宗教內之新群體。隨著清季民族主義之勃興，華人教牧、信徒，亦起而要求「收回傳教之權利」，此與其時全國上下要求收回路權、礦權、教育權，如出一轍，是為近代中國教會自立運動之所由起。終於出現二十世紀中國教會之三自（自治、自養、自傳）及「本色化」，或「本土化」之完成。當今中土之基督宗教，已非外來宗教，而為植根本土一新生之中華基督教。而中國牧師群體或天主教神父，由是誕生，並成為我國宗教社會中的一嶄新群體，深值研究。

自上世紀八十年代初，由於投身福建辛亥革命之研究，始悉福建革命黨人中，竟有美以美會之傳道黃乃裳（1849-1924），自此即留心著名華人教牧、傳道之研究，此即本書各章研究課題之由來。其中除馬禮遜一文，乃為紀念馬禮遜來華二百週年而撰，以其為中華教會教牧群體之始祖，遂作為本書研究之始源篇章外，其他各章名牧、傳道，皆為出身閩、粵、香港教會，或曾參與清季之改革與革命者，故本書可視為華人教牧群體出現與民間新社會形成之案例，以此拋磚引玉，期待後繼者接續研究。

回顧一生，早自青少年時，已加入教會，常與牧師相交，於信仰及人生價值，多蒙訓誨，而得以健康有序成長。牧者形象，倍覺親切恩遇。處於百年國難之際，亦體會良牧於國家、社會及文化發展之正面功能。此外，於上世紀六十年代末，東渡臺灣，於國立臺灣師範大學歷史系受業，更為生平之信仰與學問的突破階段。就信仰生活而言，乃至新生南路浸信會懷恩堂聚會，並參加加略僑生團契，該堂時由周聯華牧師（1920-2016）牧會，周牧早年畢業於香港浸會大學前身之滬江大學，其後於美國肯塔基州之路易斯維爾（Louisville）美南浸會神學院（The Southern Baptist Theological Seminary）獲取神學博士（Th.D.），回台後成為名牧及神學家。於懷恩堂牧會時，且成為先總統蔣介石（1887-1975）及夫人宋美齡（1898-2003）於士林官邸凱歌堂的御用牧師，時人或稱之為總統牧師、宮廷牧師。周牧溫文爾雅，西裝筆挺，講道時一口吳儂軟語的普通話，釋經精深，發人深省。在臺四年接近二百週的主日崇拜，聆聽周牧之講道，如沐靈風，對我之信仰與人生方向，影響尤多。二〇〇一年，於浸會大學舉辦第二屆近代中國基督教史國際研討會，承蒙周牧於百忙中蒞臨，擔任主題演講嘉賓，使大會生色不少，尤為感念。周牧於《聖經》翻譯及本色化神學，著述尤多，遂能著稱海內外華人教會及神學界。臨文至此，想起周牧之良牧及學者形象，倍增憶思，謹以此書紀念一代名牧周聯華牧師。

李金強

香港浸會大學歷史系近代史研究中心

二〇二〇年三月二十七日

目次

第一章
導言

基督教入華，乃自西徂東，此乃歐美宗派教會於十八至二十世紀期間，由於出現一連串宗教復興運動，名之曰大覺醒（Great Awakening），起而宣教異域，吸納「異教徒」入教。遂相繼成立差會（Missionary society），派遣傳教士來華傳教，由一八〇七年英國倫敦傳道會（London Mission Society）馬禮遜（Robert Morrison, 1782-1834）首開其先，此後歐美傳教士相繼入華，佈教中國沿海沿江省份。至戴德生（Hudson Taylor, 1832-1905），則於一八七六年成立內地會（China Inland Mission），進入內地邊省，廣傳福音，基督教由是得於中土確立，完成福臨中華的使命（Calling）。基督教終於成為中國社會民間信仰不可或缺之一環。[1]

基督教之得以廣傳我國，固由歐美傳教士本愛主愛人之信念，銜命傳道，遂使所臨「異鄉」之華人，得蒙救恩，開教立會，建立傳教事業。其間傳教士學習華語，讀寫華文，繼而跋山涉水，由沿海至內陸，由城市至農村，努力接觸「異教徒」，講述耶穌，闡明救恩，務使聞者歸信，聽者動容，終於感動各地男女老幼歸依。時來華傳教士自一八〇七至一八四二年，計共六十三人，至一八六〇年亦只百人之數，然至一九〇五年，竟能躍增至約三千五百人，可見其來華傳教之熱切。[2]其時華人信教者多為農民、店

1 Robert A. Baker著，蕭維元譯：《基督教史略》（香港：浸信會出版社，1981年），頁369-371、427-428；林治平：〈中國基督教發展簡史〉，邵玉銘編：《二十世紀中國基督教問題》（臺北市：正中書局，1980年），頁42-51；李志剛：《基督教早期在華傳教史》（臺北市：臺灣商務印書館，1985年），頁61-84、262-281。

2 一八〇七至一八四二年傳教士來華人數，參李志剛：《基督教早期在華傳教史》（臺北市：臺灣商務印書館，1985年），頁269；一八六〇年及一九〇五年見Daniel H. Bays, *A New History of Christianity in China* (UK: Wiley-Blackwell, 2012), p. 68; 又劉廣京謂由美

員、醫者、工匠、小販及勞工之基層群眾。就信教人數而言，早已引起中外學者關注，其中施其樂（Carl Smith, 1918-2008）於教會檔案中，整理出自一八一三至一八四三年間馬六甲、粵港澳，以至南洋、美國一帶，受洗受浸華人信徒，計共一五八名，[3]而近日蘇精更考出十七名信徒之小傳，包括由馬禮遜來華之初，受其洗者四人，以及新加坡初期的華人基督徒十三人。[4]至一八九三年信徒人數已達五五〇九三人。踏入二十世紀，信教人數更大幅度增長，一九〇〇年領受聖餐者為九五九四三人，一九一一年為二〇七七四七人，一九一七年則為三一二九七〇人，至一九二二年，達四〇二五三九人。就教會事工者之整體而言，一八七六年傳教士為四七三人，華人教牧傳道五八四人；一八八九年傳教士一二九六人，華人教牧傳道一六五七人；一八九三年傳教士一三二四人，華人教牧傳道一八三〇人；一九〇五年傳教士確數三四四五名，並聘請九九〇四名華人同工，華牧傳道占六九五四人；至一九一〇年傳教士增加至四七三〇人，而華人同工則為一一五〇一人，華牧傳道占七七〇一人。[5]可見十九、二十世紀華人信徒之成長，與傳教士及其華人

國派出的傳教士，一八七〇年約二百人，一九〇〇年約一千人，至一九三〇年代則超過三千人，參Liu Kwang-Ching, *American Missionaries in China: Papers from Harvard Seminars* (Cambridge M.A.: Harvard University Press, 1970), p. 1. 又參吳義雄：《在宗教與世俗之間——基督教新教傳教士在華南沿海的早期活動研究》（廣州市：廣東教育出版社，2000年），頁527-538，列表指出一八〇七至一八五一年共有一百五十名新教士在中國及南洋活動。

3 Carl T. Smith, "A Register of Baptist Protestant Chinese (1813-43),"*Chinese Christians: Elites, Middlemen, and the Church in Hong Kong* (Hong Kong: Oxford University, 1985), pp. 212-271.

4 蘇精：《中國，開門！——馬禮遜及相關人物研究》（香港：基督教中國宗教文化研究社，2005年），頁203-268，包括蔡軻（高）、梁進德、屈昂及朱清四人；又參氏著《基督教與新加坡華人1819-1846》（新竹市：清華大學，2010年），頁243-259，包括第一位信徒齊琥（Chae Hoo）、基生（Ke Sing）、亞弟（Atei）、李先生（Le Sing Seng）、亞比（A Bi）、陳匡（Tan Kwang）、曾蘭生（Chan Laisun），一名採棕櫚葉華工、陳理存（Tan Li-chun）、黃南濤（Wang Nam-taou），聖公會兩名女生及其兄弟杜立（To-liup），合共13人。

5 Kenneth S. Latourette, *A History of Christian Missions in China* (London: Society for

同工之增長成正比，其中華人同工出任傳道、牧師者，亦隨之而多。單就全國教會牧師統計而言，至一九一五年來自歐美之西牧為一〇九二人，而華牧為七六四人。至一九二〇年西牧一二六八人，而華牧則為一三〇五人，五年間華牧增加達百分之七十，中國教會華牧人數首次超越西牧，此乃二十世紀中國教會推行自立而行三自（自養、自治、自傳），合一及本色化所由致也，而中華基督教由是得見確立。[6]

基督教入華傳教以至二十世紀中華基督教之成長，而其負責宣教及建立教會之聖職，[7]亦漸由西教士之手，次第移交給予華人教牧、傳道。故基督教入華後至二十世紀，逐漸湧現出一批華人教牧群體，此為研究近代中國基督教史不容忽略之重要課題。就此而論，此一斷代專史，由於基督教的外來特性，故研究之初，中外學者均以傳教士作為研究之起始及以此為主體，此因在華基督教乃由歐美傳教士宣教所由致者。其中上世紀七十年代，推動研究近代中國基督史之名史家費正清（John K. Fairbank, 1907-1991）及劉廣京（1921-2006）所出版之相關著述，其初即以歐美傳教士為研究對象。[8]從而引起一系列歐美傳教士之研究，而華人學者，亦起而注意，尤以顧長聲：

Promoting Christian Knowledge, 1929), pp. 479, 680, 780；並參邢福增：《文化適應與中國基督徒1860至1911年》（香港：建道神學院，1995年），頁65-66。

6 Kenneth S. Latourette, ibid., p. 801, 二十世紀華人教會之三自、合一及本色化之推行，參李金強、黃彩蓮：《基督教明燈——港九培靈研經會九十年史（1928-2018）》（香港：培靈研經會，2019年），頁25-32。

7 《聖經》關於教牧及教會事工的聖職職稱，可見於新約〈以弗所書〉四章十一節，「他所賜的有使徒，有先知，有傳福音的，有牧者和教師」。牧者即牧師，教師即傳道，香港潮人生命堂之傳道，即以教師命名，參李金強、陳潔光、楊昱昇：《福源潮汕澤香江——基督教潮人生命堂百年史述》（香港：商務印書館，2009年），頁92-94、96-98。

8 費正清、劉廣京、Suzanne W. Barnett所編之*American Missionaries in China* (1970), *The Missionary Enterprise in China and America* (1974) 及*Christianity in China: Early Protestant Missionary Writings* (1985) 三書，堪稱為對英美傳教士研究首開風氣之著述。此後相關著述，以至女傳教士之研究，相繼產生。參李金強：〈中國基督教史研究之興起及其發展〉，Jessie G. Lutz, "Chinese Christianity and Christian Missions, Western Literature: The State of the Field," 《近代中國基督教史研究集刊》創刊號（1998年），頁8-9、31-33。

《從馬禮遜到司徒雷登》（1985）一書；魏外揚撰寫一系列來華宣教士列傳，如《中國教會的使徒行傳》（2006）等，最具代表。此外，著名傳教士馬禮遜、郭士立（Karl Gützlaff, 1803-1851）、林樂知（Young John Allen, 1836-1907）、李提摩太（Timothy Richard, 1845-1919）、丁韙良（William A.P. Martin, 1827-1916）、戴德生（James Hudson Taylor, 1832-1905）、司徒雷登（John L. Stuart, 1876-1962）等相關傳記，亦見層出不窮。[9]

近代歐美基督教在華宣教的成功，傳教士之獻身及其「英雄」事蹟，自是功不可沒，然而歐美傳教士之得以在中國宣教成功，取得成果，其中華人助手（native helper）、傳道及教牧的陪同與協作，未容忽略，[10]其中參與翻譯聖經及傳教之王韜（1828-1897），最為著稱。[11]由是正當近代中國基督史之研究，以「傳教士範式」進行之同時，華人傳道及教牧所扮演之角色，亦漸受學者關注，而相關研究亦由此而起。就華牧之記述及研究而言，首開其先者，應為清季上海美國監理會傳教士林樂知（Young John Allen 1836-1907）創辦之《教會新報》及《萬國公報》已有華牧生平之零星記述。[12]及至民國，中華續行委辦會的出版之《中華基督教會年鑑》（1914年創辦），相繼刊登華牧小傳，[13]然值得注意者，乃被譽為「偉大之基督徒作家」謝洪賚

---

9 陶飛亞、楊衛華：《基督教與中國社會研究入門》（上海市：復旦大學出版社，2009年），頁71-87。

10 華人助手，對於歐美傳教士來華傳教，扮演重要角色，近日已引起史學界的關注。其中值得注意者為中文聖經之翻譯，華人助手及教牧的參與角色，受到學者之重估，並獲肯定，參Jost Oliver Zotzache, "The Missionary and the Chinese Helper: A Re-Appraisal of the Chinese Role in the Case of Bible Translation in China,"《近代中國基督教史研究集刊》第3期（2000年），頁5-19；並參作者之*The Bible in China: The History of the Union Version on the Culmination of Protestant Missionary Bible Translation in China* (Sankt Augustin, Germany: Institute Monumenta Serica, 1999) 一書。

11 李金強：〈王韜與基督教〉，《書生報國：中國近代變革思想之源起》（福州市：福建教育出版社，2001年），頁27-37。

12 如武定教友：〈脩翁賴牧師逝世略述〉，《萬國公報》，13冊（1881），頁75、79-1880。

13 如袁景奎：〈袁曰俊牧師行略〉、溫國符：〈余錫九牧師傳〉、張祝齡：〈區鳳墀長老傳略〉，《中華基督教會年鑑》第2期（1915年），頁261-263、265-266、270-272。此外，尚有〈中國教會新立牧者小傳〉，見《中華基督教會年鑑》第11期（1921年），頁112-120。

（1873-1916）於一九一五年出版《名牧遺徵》一書，為清末民初十位名牧立傳。[14]謝氏為清末上海信徒首起創立中華基督徒自立會之其一倡議者，對中國教會之華牧先驅，自然留心。[15]此書應為近代中國牧師行述首刊之作。至一九四一年劉粵聲主編之《香港基督教會史》，亦見收錄華牧傳記七篇。[16]一九七五年劉瑞滔編刊《港粵澳名牧生平》第一集，共收三地名牧十五人，堪稱華牧研究之開山作。然其中最值得注意則為查時傑，自一九八〇年代以降，仿效其師方豪（1910-1980）之《中國天主教史人物傳》及吳相湘（1912-2007）之《民國百人傳》之體例。起而於《基督教論壇報》，發表有關近代中國基督教人物小傳，最終結集而成《中國基督教人物小傳》上卷一書，共收教牧、傳道、佈道家及傑出信徒四十人。其中具牧師銜者，共占十八人。[17]與此同時美國史家裴士丹（Daniel H. Bays, 1942-2019）一反美國史家以傳教士範式為中心的研究方向，強調中國自立教會的出現，而華人信徒、教牧為研究近代中國基督教史不可缺失之一環，「華人信徒與教牧模式」遂成為晚近研究近代中國基督史的重要課題。[18]其中尤以民國時期

---

14 謝洪賚：《名牧遺徵》，謂：「擬更取吾國牧師之著者，綴其行述，輯為一冊，以期後生有志得而讀之，可發皇布道之心志」，見謝洪賚著，趙曉陽、趙鐸編注：《中國耶穌教會小史：謝洪賚文選》（臺北市：周聯華紀念基金會，2020年），頁202。全書共收謝錫恩（美以美會）、顏永京（聖公會）、許揚美（美以美會），席子直（勝魔，內地會）、陳大鏞（美以美會）、黃品三（浸信會）、謝談庵（長老會）、孟繼賢（公理會）、王煜初（禮賢會）、何福堂（倫敦傳道會）十人。

15 謝洪賚之生平及著述，見謝洪賚著，趙曉陽、趙鐸編注：《中國耶穌教會小史：謝洪賚文選》，頁XV-XLII；並參Samuel C. Chu: "Early 20th Century Chinese Christian Writers and the Church Indigenization Movement"，《中央研究院近代史研究所集刊》第12期（1983），頁195-216。

16 劉粵聲主編：《香港基督教會史》（1941年）（香港：香港浸信教會，1996年，重刊），內收王煜初、王謙如、梁安統、霍靜山、陳觀海、鄺日修、張聲和等牧師七人及傳道區鳳墀之傳記。

17 查時傑：《中國基督教人物小傳》（臺北市：中華福音神學院出版社，1983年），參〈目錄〉。

18 Daniel H. Bays, "The Growth of Independent Christianity in China, 1900-1937," in *Christianity in China: From the Eighteen Century to the Present* (Stanford: Stanford

（1911-1949）中國處於內憂外患下，於二十年代以降出現宗教復興，導致華人傳道及奮興佈道家之崛興，著名教牧及佈道家，相繼而起，而二十世紀二十年代中，因宗教復興導致粵港兩地培靈研經會的創立，尤為矚目。而該會九十年來的華人教牧講者即為二十世紀華牧湧現之最佳明證[19]，與此同時，遂有梁家麟起而研究華人男女教牧及佈道家，當為華人教牧研究首出之研究專著，深值關注。[20]于力工牧師起而記述其時中國教會之興起及為華人教牧立傳，而名之曰〈中國傳道人史館〉[21]，堪稱為二十世紀華人教牧群體崛興之「歷史見證人」。華人教牧群體之研究由是啟動。

再以香港一地為例，香港華人基督教聯會於二〇一五年慶祝該會成立一百週年，出版《香港教會人物傳》一書，收錄香港開埠後教會著名人士，計共百人，其中除聯會首二任主席，出自倫敦傳道會皮堯士（Thomas W. Pearce, 1854-1938）及威禮士（Herbert Richmond Wells, 1863-1950）二牧外，其餘皆為華人教牧信徒，而具有牧師銜之華人計共五十三人，占全數之過半。眾所週知，近代中國教會的創立與發展，香港以其歷史地緣而居重要的地位。[22]從本書五十三位華牧傳記中，尤足證明。由此可見，近代中國牧師群體的出現與中國教會的確立，息息相關，此亦本書研究之動機。

全書除馬禮遜為基督教來華宣教之「開山始祖」[23]，以此作為中國牧師

University Press, 1996), pp. 307-316; 並參 *A New History of Christianity in China* (UK: Wiley-Blackwell, 2012), pp. 66-157.

19 李金強、黃彩蓮：《基督教明燈——港九培靈研經會九十年史（1928-2018）》（香港：培靈研經會，2019年），頁38--56，並參本書各章。

20 梁家麟：《華人傳道與奮興佈道家》（香港：建道神學院，1999年），全書由〈奮興佈道家對華人教會的塑造〉、〈二十世紀上半葉的中國女奮興佈道家〉、〈華人教牧的歷史形象與角色〉三篇論文組成。

21 參于力工：《西方宣教運動與中國教會之興起》（臺北市：橄欖出版社，2006年），頁245-406，收教牧、傳道二十七人。

22 劉粵聲謂：「基督教在香港既得天獨厚，對於祖國、社會以及僑胞亦有相當貢獻，在世界基督教會史中，應占有相當位置」，劉粵聲主編：《香港基督教會史》，序言；邢福增：《香港基督教史研究導論》（香港：建道神學院，2004年），頁12-30、頁66-76。

23 簡又文：《中國基督教的開山事業》（香港：基督教輔僑出版社，1956年），頁9。

群體誕生之始源研究外。其餘各章所研究之華牧、傳道，包括王煜初、區鳳墀、黃乃裳、林之純、劉粵聲、徐松石、蘇佐揚及歐陽佐翔，皆與閩、廣、香港華人教會之緣起及發展，具有密切關係，亦為見證近代中國牧師群體出現的案例。諸牧及傳道皆出生於十九世紀下半葉及二十世紀上半葉中國大動亂及華人教會創生、孳生之時期，其生平、信仰與事功，均具有「愛神愛主愛教會，為人為國為社會」的特質[24]，相繼為近代中國基教史上留下良佳之見證，不獨為華人教會之典範而足以師法，抑且對中國社會與文化之現代化，貢獻良多，此亦本書研究之意義與價值之所在。

---

24 李金強、黃彩蓮：《基督教明燈——港九培靈研經會九十年史（1928-2018）》（香港：培靈研經會，2019年），序言四，頁15。

馬禮遜牧師 Robert Morrison
（1782-1834）

第二章

馬禮遜（Robert Morrison, 1782-1834）來華及其宣教事業的評估

一八〇七年英國倫敦傳道會差派馬禮遜來華宣教，其任務主要在於學習中文、編纂英漢字典及翻譯中文聖經，為日後傳教士鋪路。馬氏於一八〇七年抵華後，一方面努力學習中文，務求達成差會交託完成聖經翻譯及英漢字典編譯的任務，然另一方面卻來回廣州、澳門及南洋等地進行宣教，展開佈道、文字、教育、醫療等事工，計劃開拓中國宣教工場。進而促成西方傳教士蒙受感召，相繼來華，建立在華的宣教事業。[1]以此吸引華人信教，使華人教會得以萌芽，故被譽為基督教來華之開山始祖。並隨著文字、教育及醫療傳教策略的推動，使西方教育文化及醫療事業終於植根中國，促成中國的現代化，殊堪注意。[2]本文即就此根據近日馬禮遜生平事蹟研究的新成果，綜合成文，進而評析馬禮遜來華宣教的背景及其宣教事工，藉此說明基督教來華如何憑藉傳教士及其傳教事業的建立，終於促成基督教成為我國民間宗教的由來，進而說明中華基督教由此而生。而華人教牧、傳道的誕生，即由此而起。

期間近代中國基督教史上被稱為首位華人牧師梁發（1789-1855），乃於一八二三年，由馬禮遜委任其為倫敦傳道會之宣教師[3]，是為華人教牧之誕

---

1 Starr, J. Barton,"The Legacy of Robert Morrison," *International Bulletin of Missionary Research*, 1988 (April), pp. 73-76; 譚樹林：〈馬禮遜在華傳教事業簡論〉，《馬禮遜與中國文化論稿》（臺北市：宇宙光，2006年），頁237-264。

2 基督教與中國現代化，參李金強：〈基督與中國近代社會轉型〉，《史學月刊》第10期（2013年），頁5-7。又此一課題的研究，可參黃文江等編：《變局下的西潮——基督教與中國的現代性》（香港：建道神學院，2015年）一書。

3 近日對梁發的生平、信仰及宣教之研究，可參蘇精：〈梁發在南洋〉，《基督教與新加坡

生，故馬牧實為近代中國華人教牧的「產婆」。故先以馬禮遜的生平及貢獻，作為全書之始，就此而論，馬禮遜研究，早為中外學者所關注，首論其研究概況。

一　研究的回顧

馬禮遜為基督教來華宣教的開創者，使基督教在華的傳教事業，得以打下基石，以至於落地生根，且因其翻譯中文聖經，編纂英漢字典，溝通中西文化，故不但成為來華傳教史上的「開山祖」，並具文化「偉人」的形象。[4] 故此其生平事蹟與貢獻，遂為教內外人士所重視，相繼撰述，表揚其偉業。其時英、美傳教士早已記述馬氏的一生與其貢獻，而以倫敦傳道會傳教士首起撰著，包括米憐（William Milne, 1785-1822）之 *A Retrospect of the First Ten Years of the Protestant Mission to China*（Malacca: Anglo-Chinese Press, 1820），記述一八〇七至一八一九年間馬氏的宣教活動，而繼馬氏、米氏來華宣教的麥都思（Walter Medhurst, 1796-1857）則出版 *China: Its State and Prospects*，於該書第十章記述馬氏來華宣教歷程及華人信徒的信德。而更重要則為其遺孀 Eliza A. Morrison 收集馬氏的日記、信函、工作日誌及相關文獻，編寫而成 *Memoirs of the Life and Labours of Robert Morrison* （馬禮遜的生平與事工）一書，為早期關於馬氏生平與來華建立宣教事業的首本詳盡傳記。稍後該會在香港創辦首份中文報刊《遐邇貫珍》（1853年）[5]，其中一八五五年第八號，翻譯駐上海傳教士艾約瑟（Joseph Edkins, 1823-1905）所撰

華人》（新竹市：清華大學出版社，2010年），頁197-215。司佳：〈從《日記言行》手稿看梁發的宗教觀念〉，《近代史研究》第6期（2017年），頁122-130。

4 馬禮遜下葬於澳門的墓誌譽其為「萬世不朽之人」，見李志剛：《基督教早期在華傳教史》（臺北市：臺灣商務印書館，1985年），頁74。又參張祝齡：〈馬禮遜博士去世百年紀念碑誌〉，見Lindsay Ride, *Robert Morrison: The Scholar and the Man* (Hong Kong: Hong Kong University Press, 1957), 附錄圖片10，謂馬氏乃「用能奠中國教會基礎，厥功偉矣」。

5 李志剛：〈早期教士在港創辦第一份中文報刊——遐邇貫珍〉，《基督教與近代中國文化論文集》（臺北市：宇宙光，1989年），頁133-150。

〈馬禮遜傳〉，論述馬氏行誼，為首篇馬禮遜生平事蹟的中文著述。而美北浸信會在曼谷及香港宣教的傳教士粦為仁（William Dean, 1807-1895），亦為馬氏立傳，並推舉馬氏與英國浸信會傳教士馬士曼（Joshua Marshman, 1768-1837）分別完成翻譯聖經，同為後來傳教者開路。[6]而值得注意者為出身倫敦傳道會，後任大英聖書公會駐華代表的偉烈亞力（Alexander Wylie, 1815-1887），在其所編撰《來華傳教士誌》一書，不但為馬氏立傳，並首次羅列其中英文著述三十一種及題解。[7]

此後有關馬氏傳記，相繼出版。其中多藉馬氏遺孀 Elisa 所編之書撰寫而成的基督徒勵志性讀物為主，包括 William John Townsend, T. Dixon Rutherford, Marshall Broomhall, Ernest H. Hayes, Katharine R. Green, Lindsay Ride 及 Phyllis Mathewman 所編撰之七種傳記。其中 William John Townsend（湯森），Marshall Broomhall（海恩波）及 Katharine R. Green（清潔理）三書，均已譯成中文。上列七種傳記，以海波恩及 Lindsay Ride 所著，最受注意。海恩波一書為名史家簡又文所譯。而香港大學校長 Lindsay Ride（賴廉士）一書，則為馬氏來華一百五十週年紀念而撰。[8]此外，尚有三本利用馬禮遜手稿、檔案及其著述完成的學術性專著，包括 Brian Harrison 的英華書院史，論述馬禮遜教育理念及該校的創辦與發展；Murray A. Rubinstein 探討馬禮遜來華

---

6 William Dean, *The China Mission* (New York: Sheldon & Co., 1859), pp. 339-350. 並附馬氏前妻瑪麗（Mary Morrison）及其次子馬儒翰（John Robert Morrison）小傳。

7 Alexander Wylie, *Memorials of Protestant Missionaries to the Chinese* (Shanghai: American Presbyterian Mission Press, 1867), pp. 3-12. 然偉烈亞力只收錄馬氏中文著述三十一種，頗有缺漏，參蘇精：《馬禮遜與中文印刷出版》（臺北市：臺灣學生書局，2000年），頁35-53；《中國，開門！——馬禮遜及相關人物研究》（香港：基督教中國宗教文化研究社，2005年），頁281-293，謂其中英文著述應有三十九種。

8 蘇精：《中國，開門！——馬禮遜及相關人物研究》（香港：基督教中國宗教文化研究社，2005年），頁295-296；湯森著，王振華譯：《馬禮遜：在華傳教士的先驅》（鄭州市：大象出版社，2002年），海恩波著、簡又文譯：《傳教偉人馬禮遜》（香港：輔僑出版社，1956年），清潔理著，R. F. Fitch、楊蔭瀏譯：《馬禮遜小傳》（1934）（香港：聖書公會，1953年，重刊）。Lindsay Ride, *Robert Morrison: The Scholar and the Man* (Hong Kong: Hong Kong University Press, 1957).

傳教與美國傳教士受其呼召來華合作傳教的情況；及 Andrew C. West 的馬禮遜中文藏書研究。[9]

上列西方傳教士及學者對馬禮遜及其著述之研究，除艾約瑟一文為中文譯文外，餘皆以英文撰寫，故乃代表西方對馬禮遜研究的成果。

與此同時，華人教內外學者所撰馬禮遜的生平傳記，亦隨之出現。始見於一八九九年王元深之《聖道東來考》一書，記述倫敦傳道會入粵經過，而以馬禮遜的宣教及四名華人信徒受洗的事蹟為起始。其次，則為一九〇七年由謝洪賚所撰之〈馬禮遜傳〉。[10]然此後香港、中國大陸及臺灣相繼出現一批學者，先後對馬禮遜的生平及其傳教事業進行研究，至二〇〇七年馬禮遜來華二百週年前後，更出現數本學術性著作，國人對於馬禮遜的研究，至此亦能自樹一幟。

就香港而言，馬禮遜傳首見於劉粵聲編著《香港基督教會史》（1943）（香港：香港浸信教會，1996年，重印），簡又文繼而出版《中國基督教的開山事業》（香港：基督教輔僑出版社，1956年），以第一位傳教士為馬禮遜立傳，此後香港大學先後出版上述 Lindsay Ride 及 Brian Harrison 兩本英文專著。而最重要則為李志剛利用香港大學的馬禮遜特藏中有關西方傳教士的文獻，撰寫《基督教早期在華傳教史》（臺北市：臺灣商務印書館，1985年），以早期西方傳教士來華宣教為研究對象，進而對馬禮遜來華宣教及其創設的出版、教育、醫療、傳教事業作出詳細探究。無疑為首本中文學術性的馬禮遜研究，此後李氏以此書為基礎，相繼發表有關馬禮遜及早期傳教活動之論

---

9 Brian Harrison, *Waiting for China: The Anglo-Chinese College at Malacca, 1818-1843, and Early Nineteenth-Century Missions* (Hong Kong: Hong Kong University Press, 1979); Murray A. Rubinstein, *The Origins of the Anglo-American Missionary Enterprise in China, 1807-1840* (Lanham: Scarecrow Press, 1996); Andrew C. West, *Catalogue of the Morrison Collection of Chinese Books* (London: University of London, School of Oriental and African Studies, 1998).

10 王元深：《聖道東來考》（香港：1899），頁6-7。謝洪賚著，趙曉陽、趙鐸編注：《中國耶穌教會小史：謝洪賚文選》，頁118-128。

文。[11]至二〇〇七年，且出版《馬禮遜牧師傳教事業在香港的延展》（香港：崇基學院宗教與中國社會研究中心，2007年），論述馬禮遜牧師傳教事業及其對於香港宣教、教育及文化的影響，而國人對馬禮遜的研究亦由此而起。

其次，為中國大陸，由著名清史學者鄭天挺（1899-1981）始撰〈馬禮遜父子〉一文，以西方資本主義侵華為前提，描述馬氏生平及其角色，並考訂馬氏父子在清代官方文書的中文姓名，避免混淆，為國內首見的馬禮遜研究。[12]而研究近代中國來華傳教士的顧長聲，以馬禮遜遺孀 Elisa A. Morrison 一書為主，撰寫首篇〈馬禮遜〉評傳。[13]稍後並將馬禮遜遺孀之書翻譯而成《馬禮遜回憶錄》（桂林市：廣西師範大學，2004年），然譯本未如理想，受到質疑。[14]顧氏為紀念馬禮遜來華二百週年，於八十六高齡之際，完成《馬禮遜評傳》（上海市：上海書店，2006年），是書乃以其所譯之《馬禮遜回憶錄》為本，縷述馬氏一生及其傳教活動。[15]與此同時，浙江大學譚樹林亦起而研究馬禮遜，以其博士論文出版《馬禮遜與中西文化交流》（杭州市：中國美術學院出版社，2004年）。全書透過中西文化交流視角，觀察馬禮遜來華所開創的譯聖經、編字典、辦刊物、設學校、開醫館以至印刷出版等傳教事業，並說明其貢獻，為國內首本以馬禮遜為題的學術著作。此後譚氏即以此一研究為基礎，至港、澳地區搜集資料，補充前書，出版一系列專題研究，結集成《馬禮遜與中國文化論稿》（臺北市：宇宙光，2006年），而譚氏亦由此成為國內的馬禮遜研究專家。

其三，為臺灣一地，臺灣近代中國基督教史研究，始起於林治平的鼓

---

11 李志剛：《基督教與近代中國文化論文集》（臺北市：宇宙光，1989年），頁15-55、153-166，分別探究馬禮遜在澳門之事業，馬禮遜與中西文化交流及香港英華書院等。

12 鄭天挺：〈馬禮遜父子〉，《歷史教學》第2期（1954年），頁36-38。

13 顧長聲：《從馬禮遜到司徒雷登——來華新教傳教士評傳》（上海市：人民出版社，1955年），頁1-19。

14 蘇精：〈評馬禮遜回憶錄〉，《近代中國基督教史研究集刊》第6期（2004-2005年），頁96-98，指顧氏譯本只具原書內容四分之一左右，且為意譯，又多錯譯，自行更動及增添等毛病。

15 顧長聲：〈翻譯馬禮遜回憶錄劄記〉，《傳教士東來傳救恩論文集錦》（臺北市：宇宙光，2006年），頁17-46，顧氏此文乃其譯本之摘要，下開其評傳一書之出版。

吹。[16]林氏首起以傳教士英雄形象為馬禮遜來華所作的宣教事業立傳。[17]至二○○六年林氏為紀念馬禮遜來華二○○週年，邀請兩岸三地三十位華人學者，共同出版三十本論文集，二十本傳記，堪稱為踏入二十一世紀近代中國基督教史研究成果的總「檢閱」，殊值注意。[18]其中論文集除譚樹林、顧長聲二書與馬禮遜研究相關外，尚有查時傑：《馬禮遜與廣州十三夷館──華人教會史史蹟探索論文集》（臺北市：宇宙光，2006年），首篇即為論述馬禮遜借十三夷館作為其宣教起始之地。而傳記類則有游紫玲：《平民階級中的英雄──馬禮遜》，乃上承林治平所撰之文題，並以流暢文筆編寫而成的馬禮遜傳記，並附米憐小傳，為一文字宣教之作。

而更重要則為蘇精自二○○○年起先後出版三本與馬禮遜相關的論文集，分別為《馬禮遜與中文印刷出版》（臺北市：臺灣學生書局，2000年），《中國，開門！──馬禮遜及相關人物研究》（香港：基督教中國宗教文化研究社，2005年），及《上帝的人馬：十九世紀在華傳教士的作為》（香港：基督教中國宗教文化研究社，2006年）。為現時馬禮遜研究的中文著述中，最具創見的學術性著述，首書共收論文十三篇，與馬禮遜直接相關者三篇，全書透過早期來華傳教史及西方印刷術入傳背景，探析馬禮遜如何借助西方印刷術出版中英文書刊，進行傳教及對其奠基者角色的論析[19]，為蘇氏研究馬禮遜

---

16 李金強：〈中國基督教史研究之興起及其發展〉，《近代中國基督教史研究集刊》創刊號（1998年），頁11-13；又邢福增稱林氏對近代中國基督教史研究的推動，形成一「中原一宇宙光學派」，蓋因林氏任教於中原大學，並創設宇宙光出版社，舉辦一系列近代中國基督史相關研討會及出版論文集、專刊，貢獻良多。見邢福增：〈近代中國基督教的研究趨向──以美國及臺灣為例〉，《衝突與融合──近代中國基督教史研究論集》（臺北市：宇宙光，2006年），頁224-225。

17 林治平：〈平民階級中的英雄〉，《基督教與中國近代化論集》（臺北市：臺灣商務印書館，1970年）；此文日後再補充，並增加〈附：充滿腳印的歷史名城──馬六甲〉一文，刊於氏著《基督教與中國論集》（臺北市：宇宙光，1993年），頁185-229。

18 見林治平之馬禮遜入華宣教二○○年紀念「論文集」及「傳記類」〈總序〉，林治平等著：《序論合集》（臺北市：宇宙光，2006年），頁4-34；游紫玲：《平民階級中的英雄──馬禮遜》（臺北市：宇宙光，2006年），1-7。

19 周啟榮：〈評蘇精「馬禮遜與中文印刷出版」〉，《近代中國基督教史研究集刊》第4期（2001年），頁143-148。

之始起。次書共收十二篇論文，主要以馬禮遜生平、宣教及其交往為主線，從龐雜檔案資料中，披沙尋金，拾出前人所未注意的問題，包括馬禮遜來華最初兩月的情況，晚年境遇，對英國漢學研究之開山貢獻，其子馬儒翰在鴉片戰爭前後活動的探索。第一位華人信徒蔡高或稱蔡軻的生平考訂，梁進德、屈昂、朱清等三人生平的論述，多所創獲，為研究馬禮遜生平及來華宣教事功中的新猷。至於第三書，共收論文十篇、主要為對基督教入華預備時期（1807-1860）的西方傳教士及早期華人信徒的活動進行研究，乃其馬禮遜研究的延伸成果，其中討論裨治文（E. C. Bridgman, 1801-1861）創刊《中華論叢》（*Chinese Repository*）、郭士立的傳教、女傳教士阿德希（Mary Ann Aldersey, 1797-1868）的創辦女學，此皆受馬禮遜影響而來華建立傳教事功者。此書亦沿襲蘇氏研究的特長，即大量利用英美差會檔案，如倫敦傳道會及東印度公司的檔案，以至於馬禮遜本人的手稿、出版物等。蘇氏之書即在上述第一手史料的引用下，勾勒馬牧生平與事功，每每能言人之未能言。且文字生動，為傳教預備時期馬禮遜及其他男女傳教士的行徑及其表現，作出栩栩如生的表述，令人如置身於其時的歷史情境，堪稱佳作。至此國人對馬禮遜的研究已見成果不少，其所以如此，實為拜馬禮遜來華二百週年紀念所賜者。

隨著戰後教內外學者簡又文、李志剛、顧長聲、譚樹林、游紫玲及蘇精等之研究與出版。吾人對於馬禮遜來華宣教之背景及其生平事蹟、貢獻，獲得深進的認知。以下即本於上述研究成果，論述馬氏來華背景、生平及貢獻。

二　背景

天主教耶穌會以利瑪竇為首，憑藉本色化調適，中、西學養「知識傳教」及以統治階層為對象的宣教策略，終於使天主教得以建立在華的傳教事業。同教之方濟各（Franciscan Order）、多明會（Dominican Order）等修會亦相繼來華發展，建立教會。然終由於禮儀之爭而侵犯中國皇權，康熙（1654-1722）、雍正（1678-1735）先後諭令禁教，而天主教在華傳教事業，由是中阻，教堂遭受沒收，教士被驅離華，信徒自然流失。[20]然尚有個別地區如福建東部之福安縣等，透過在地鄉族的血緣、地緣關係，仍然持守信德，並形成一龐大的鄉村天主教群體。[21]直至鴉片戰爭後，清廷規定五口通商，給予外人興建禮拜堂，繼而頒佈弛禁令，准許外人來華宣教，基督宗教在華發展，始見重現生機。[22]

基督宗教得以再次來華發展，乃由於基督教（Protestant Church）傳教士來華宣教所帶動。事實上自十七世紀上半葉，荷蘭占據臺灣時，荷蘭新教的改革宗教會於一六二七年早已派遣傳教士甘第士（Georgius Candidius, 1597-1647）首度來臺宣教，此後來臺傳教士達三十餘人，故論者多有認為馬禮遜並非第一位來華的基督教傳教士，然其時荷蘭教士宣教對象，卻以原住民為主，未及漢民，為一殖民傳教。且傳教士為荷蘭東印度公司屬員，領取公司薪酬，為股東利益服務。而非日後英美差會乃屬公眾組織，具有慈善性質的傳教團體，並以華人為傳教對象。及至一六六一年，鄭成功（1624-1662）收復臺灣後，在臺荷蘭基督新教完全中止。[23]至一八〇七年英國倫敦傳道會派遣馬禮遜來華宣教，遂成為近世歐美基督新教教會入華之始。而亦由此成為近代來華宣教之第一人。

馬禮遜來華宣教前後，其時適值中西貿易與交通，仍然賡續未絕。西歐國家如西班牙、葡萄牙、荷蘭、英國相繼對華進行貿易，然至乾隆二十二年

---

20 參黃一農：《兩頭蛇：明末清初的第一代天主教徒》（新竹市：清華大學出版社，2005年），頁24-31、65-130、387-401；又禁教並參方豪：《中西交通史》（臺北市：中華文化出版事業，1953年），冊5，頁159-182。譚樹林：〈早期來華基督教新教傳教士與近代中外文期刊〉，《馬禮遜與中國文化論稿》（臺北市：宇宙光，2006年），頁62-73。

21 參張先清：《官府、宗族與天主教：17-19世紀福安鄉村教會的歷史敘事》（北京市：中華書局，2009年）一書。

22 清中葉對基督宗教由弛禁以至於寬容，參楊大春：《晚清政府基督教政策初探》（北京市：金城出版社，2004年），頁12-28。

23 徐謙信：〈臺灣島史和基督教〉，《臺灣基督長老教會百年史》（臺南市：臺灣基督教長老會，1995年），頁1-5。陳劍光：〈華人教會歷史拾遺〉，《近代中國基督教史研究集刊》第5期（2002-2003年），頁107-112。又參蘇精：《中國，開門！——馬禮遜及相關人物研究》（香港：基督教中國宗教文化研究社，2005年），頁xi。

（1757），清廷鑑於華洋貿易不斷發展，使沿海地區，出現「夷風染習」，故在影響文化及國家安全考慮下，遂明令由康熙二十二年（1683）起，規定前此以廣州、廈門、福州、寧波四口通商的政策，改為於廣州一口通商，並規定外來商船只限停泊黃埔，外商只准居住廣州十三行街的商館，不得攜眷，不得住冬，只准由行商為中介進行貿易，禁學華語，及帶走內地書刊。外人來華營商，備受限制而傳教則完全禁止，中國遂進入閉關時代。[24]

正當中國於十八及十九世紀之交，實施閉關鎖國之際，西歐以英國為首卻進行工業革命，帶動本國及各國經濟、社會、政治及文化的急劇變遷。歐美地區，日益進步，而亞非地區如中國，則相對日漸落後。[25]基督教即在此一時勢下，出現了兩次福音覺醒運動（The Great Awakening）。歐美教會重拾耶穌救恩，信德益堅，並具有普傳福音的呼召，遂紛紛起而組織類似「公司」的統籌組織——差會（Missionary Society），向信眾進行籌款，計劃傳教，以至撥款，派遣傳教士至異域，向異教徒宣揚福音。其中以英國浸信會的克里（William Carey, 1761-1834）首起於一七九二年，組織差會，並親至印度傳教，揭起歐美傳教士在亞、非兩大洲宣教運動的序幕。此後歐美各國宗派，紛紛成立差會，較著者如倫敦傳道會（London Missionary Society）、安立甘會（Anglican Church）、美部會（American Board of Commissioners for Foreign Missions）、浸信會（General Missionary Convention of the Baptists）、美以美會（Methodist Episcopal Mission）等，相繼派遣傳教士，出外宣教。上述由信眾組織具有慈善性質的歐美差會，首由跨宗派的英國倫敦傳道會，於一八〇七年派遣馬禮遜來華宣教，終於成功。[26]建立近代基督教在華的傳

---

24 張德昌：〈清代鴉片戰爭前之中西沿海通商〉，《中國近代現代史論集》（臺北市：臺灣商務印書館，1986年），第1編，頁62-79，由於英國東印度公司通事洪任輝（James Flint）航行北上探測沿海口岸，促使清廷加緊防夷策略。

25 郭廷以：〈中國近代化的延誤——兼論早期中英關係的性質〉，《近代中國的變局》（臺北市：聯經出版事業公司，1987年），頁7-10。

26 李金強：《自立與關懷：香港浸信教會百年史1901-2001》（香港：商務印書館，2002年），頁12-17；Kenneth S. Latourette, op.cit., 1929, pp. 201-208.

教事業，而下開中華基督教會的確立。馬禮遜亦由是被視為近代基督教來華的「開山祖」。

馬牧於一八〇七年歐美福音大覺醒運動的背景下，遠道東來宣教。然其時因清廷禁教，並採行閉關政策，重重限制，故馬牧只能在澳門、廣州兩地作有限度的活動。如何打開中國的宣教工場，遂成為其中心關懷的重要課題。最終決定至英、荷南洋屬地，選覓傳教基地，安頓及培訓傳教士，並接觸當地華僑，作為宣教對象，為未來進入中國宣教工場，先作預備，時同會米憐（William Milne, 1785-1822）牧師於一八一三年亦隨之東來，協助馬禮遜。並於一八一五年，選定馬六甲成立「恆河外方傳道會」（Ultra-Ganges Mission），作為對華宣教的基地。馬六甲為英國所控制，華人甚多，且地近中國，又為海上交通要衝，遂以此作為對恆河以東——中國為首的宣教基地。先後建立印刷所，英華書院，推動教務，在南洋各地遊行佈道，繼由麥都思（Walter H. Medhurst, 1796-1857）建立巴達維亞（耶加達）傳教中心[27]；郭士立發展曼谷工場，呼籲美國浸信會參與，美北浸信會終於派出耶安西（John T. Jones, 1802-1851）及粦為仁（William Dean, 1807-1895）至曼谷開教，建立近世首間華人浸信會，是為曼谷傳教中心的出現。由此可見，福音入華，乃始起於南洋，而華僑則為首先歸信入教的群體。是為基督教來華宣教的預備時期。[28]

隨著中英鴉片戰爭結束，清廷割讓香港，開五口通商，並規定五口——廣州、廈門、福州、寧波、上海，得設禮拜堂，歐美傳教士遂紛紛從澳門、馬六甲、巴達維亞、曼谷等地進入香港，以香港為踏腳石，再進入五口開

---

27 W.H. Medhurst, *China: Its State and Prospects, with Especial Reference to the Spread of the Gospel* (London: John Snow, 1838), pp. 306-360，譚樹林：〈恆河外方傳道團及其對華影響〉，《馬禮遜與中國文化論稿》（臺北市：宇宙光，2006年），頁125-137。

28 李榭熙：〈19世紀中期（1835-1860）華人浸信會教民的曼谷——香港——潮州跨國網絡〉，《東南學術》第1期（2002年），頁42-43；李金強：〈基督教入華的預備時期——以潮汕開教為例〉，李金強、吳梓明、邢福增主編：《自西徂東——基督教來華二百年論集》（香港：基督教文藝出版社，2009年），頁193-197。

教，基督教終於再次進入中土。[29]而馬禮遜即為宣教預備時期，確立開教中華的奠基人物。以下論述其生平與影響。

三　馬禮遜牧師及其貢獻

一七八二年馬牧生於英格蘭北部農家，出生後舉家遷至紐卡索（New Castle），父親占姆士（James Morrison）以製造撐鞋器為生，且為一虔誠教徒，為當地長老會的長老。一七九八年十六歲時受洗加入長老會，開始對神學產生興趣，遂有從事神職宣教之志。一八〇三年進入倫敦北部郊區的霍士頓神學院（Hoxton Academy）接受神學訓練，預備日後出任教牧，其時並產生向海外異教徒宣教的異象。一八〇四年，遂向倫敦傳道會申請成為傳教士，並轉學至該會所辦的高士坡傳教學院（Gosport Seminary）就讀，並受教於該會創辦人之一的波固（David Bogue, 1750-1825）。期間已萌前赴中國宣教的意念，其時該會規定至高文明地區如中國宣教，必須接受數學、物理、天文、醫學及中文的培訓，馬氏隨即接受培訓，而其中文一科乃由來英學習英文的容三德所教導。[30]至一八〇七年一月八日，被按立為牧師，一月三十一日，遂由倫敦出發，來華宣教，同日於日誌寫下：「今天為特別重要日子，祈求上帝給我聖靈的助力」。[31]先至紐約，再由紐約乘三义戟（Trident）號，經非洲好望角，橫渡印度洋，於同年九月四日下午四時抵達澳門，時年二十五歲。繼至廣州，留辮易服，藉「本土化」形象爭取國人認同，接觸中國人

---

29 李志剛：〈早期傳教士由澳遷港之事業及貢獻〉，《香港基督教會史研究》（香港：道聲出版社，1987年），頁7-32。

30 馬禮遜夫人編，顧長聲譯：《馬禮遜回憶錄》（桂林市：廣西師範大學，2004年），頁13-15，錄馬氏申請為傳教士的申請書。蘇精：〈來華之路——倫敦傳教會的準備與馬禮遜的準備〉，《中國，開門！——馬禮遜及相關人物研究》（香港：基督教中國宗教文化研究社，2005年），頁15-23；又馬禮遜與容三德的交往及情誼，並參蘇精：〈馬禮遜和他的中文教師〉，《馬禮遜與中文印刷出版》（臺北市：臺灣學生書局，2000年），頁57-64。

31 馬禮遜夫人編，顧長聲譯：《馬禮遜回憶錄》（桂林市：廣西師範大學，2004年），頁25、29。

及中國文化，從而展開其一生對華的宣教事業。[32]

馬牧於一八〇七年孤身來華，身處異鄉。為達成倫敦傳道會所託學習中文，編纂英漢字典，翻譯中文聖經的宣教任務[33]，在清末禁教危困環境下，冒險犯難，以宣教熱誠及超人意志，勤苦學習中文以至於通曉，成為近世明清耶穌會士來華受禁後，得識中國語言文化的第一人。至一八一七年馬牧已明言其關於中國的知識，「已近於和天主教的傳教士相等了」[34]，遂自行開展倫敦會未賦予他傳道與說教的任務，來回廣州、澳門及南洋等地，進行宣教，馬牧即憑此一語文能力的恩賜，促成此後在華傳教事業的誕生及發展。

由於清廷禁教及一口通商，時馬牧只能寄寓澳門，並以東印度公司翻譯的職員身份，短暫停留廣州。故此在華宣教，困難重重。遂於一八一三年，要求母會支持，在南洋設立「恆河外方傳道會」，作為對華宣教的海外基地，預備進入中國工場。時倫敦傳道會又差派米憐牧師來華宣教，由於不能停留澳門，遂在馬禮遜建議下，至南洋發展，並在其遊行訪查後，決定在馬六甲建立傳教據點，展開南洋宣教事工及對華宣教的預備工作。[35]其時馬牧

32 馬氏到達澳門的歷史時刻，及至廣州的最初兩月居留情況，參蘇精：〈等待與探索——馬禮遜在華的最初兩個月〉，《中國，開門！——馬禮遜及相關人物研究》（香港：基督教中國宗教文化研究社，2005年），頁25-41，馬禮遜自英經美到中國的旅程，參顧長聲：《馬禮遜評傳》（上海市：上海書店，2006年），頁30-36。

33 馬禮遜夫人編，顧長聲譯：《馬禮遜回憶錄》（桂林市：廣西師範大學，2004年），頁25-26。

34 蘇精：〈馬禮遜的中文教學〉，《中國，開門！——馬禮遜及相關人物研究》（香港：基督教中國宗教文化研究社，2005年），頁55；又馬禮遜夫人編，顧長聲譯：《馬禮遜回憶錄》（桂林市：廣西師範大學，2004年），頁37；馬禮遜於一八〇七年來華旅途日記中已表示「勤讀中文」及「非常喜歡中文」；頁51，馬氏謂至一八〇八年底中文已取得進步並具運用的信心；頁58，一八〇九年被聘為東印度公司翻譯，已能撰寫及翻譯中英公文；頁65，成為東印度公司職員的中文教師；頁68-69，於一八一一年馬氏已能用廣東話證道及出版（〈中文文法〉）一書，繼而出版中文聖經及編纂英漢字典；頁86，至一八一三年倫敦傳道會認為馬禮遜的中文，可能在歐洲無人能超過他；頁203，馬氏的著述已受到德、法漢學家的肯定，認為遠勝過去一世紀傳教團體的出版物。

35 恆河外方傳道會的創設計劃，參馬禮遜夫人編：《馬禮遜回憶錄》（桂林市：廣西師範大學，2004年），頁90-92、99-101；又譚樹林：〈恆河外方傳道團及其對華影響〉，《馬禮

宣教事工，主要包括五方面：

其一，口頭傳道——採取家庭禮拜形式，透過讀經、祈禱、證道向中文老師、華人助手及傭工宣講基督福音，從而吸納信徒。成果包括一八一四年七月十六日為其助手蔡高（近日考訂為蔡軻）施洗，成為近代中國第一位新教教徒。其次為印工梁發的歸信，於一八一六年在馬六甲接受洗禮，並於一八二三年被按立為宣教師。[36]

其二，遊行佈道——以馬六甲為基地，由米憐首起，繼由麥都思推廣，在英、荷殖民地遊行佈道，展開對當地人士及華僑宣教。遊行佈道，以派送聖書及宗教冊子為主，或贈醫施藥，或個人談道。結果在檳榔嶼、新加坡、巴達維亞及曼谷等地建立宣教中心。[37]

其三，文字傳道——馬禮遜來華後，發現佛教僧侶及儒家學者，透過佛經和著書來傳播信仰與思想，遂起而仿效。首先於馬六甲建立印刷所（1817），出版基督教入華的首本聖經（1823），又編纂《華英字典》六卷；出版中文宣教冊子及《察世俗每月統紀傳》（1815）、*Indo-Chinese Gleaner*（1817）中英文月刊。使後來歐美傳教士，遂得以字典而學識中文，並以聖經、宣教冊子為宣教之用，肇啟文字宣教「無聲」傳道的典範模式。[38]並於

遜與中國文化論稿》（臺北市：宇宙光，2006年），頁119-137。米憐生平，參游紫玲：《平民階級中的英雄——馬禮遜》，頁195-222，黎子鵬：〈發現米憐之墓（馬六甲）〉，《近代中國基督教史研究集刊》第8期（2008/2009年），頁11-17。

36 馬禮遜夫人編：《馬禮遜回憶錄》（桂林市：廣西師範大學，2004年），頁46-47、68、82、85-87，記家庭聚會；頁111，記蔡高洗禮；頁216記梁發妻受洗，其子梁進德接受嬰孩施洗，故梁氏一家為近代中國第一個基督教家庭。家庭禮拜情況，並參蘇精：《馬禮遜與中文印刷出品》，頁29-30、頁62、頁72-73；關於梁發及蔡高生平，參簡又文：《中國基督教的開山事業》（香港：基督教輔僑出版社，1956年），頁15-26；並參蘇精：《中國，開門！——馬禮遜及相關人物研究》（香港：基督教中國宗教文化研究社，2005年），頁203-218，考訂蔡高生平，並指蔡高之姓名，依馬禮遜《華英字典》應訂正為蔡軻。又梁發之子梁進德生平，參同書，頁219-239。

37 李志剛：《基督教早期在華傳教史》（臺北市：臺灣商務印書館，1985年），頁262-271，以麥都思採行此策，最為成功，影響最大。

38 譚樹林：《馬禮遜與中西文化交流》（杭州市：中國美術學院出版社，2004年），頁47-138、149-152、231-275。

此一時期促成巴達維亞、新加坡中文出版事業之建立。[39]

其四，教育傳道——繼而興辦英華書院（1818），馬牧獨捐一千英鎊為開辦費，為傳教士提供語文學習，培訓中外信徒，為未來中國福音工場，提供傳道。最著者如馬禮遜之子馬儒翰（1814-1843），及近代中國教會史上第二位華牧何進善（1817-1871），均出身於英華書院。前者日後成為香港開埠殖民政府的商務監督及中文秘書。後者為香港倫敦會的華人教牧。至於中英鴉片戰爭後英華書院，遷移至香港續辦，成為本港教會辦學的先聲。[40]

其五，醫療傳道——馬牧來華前曾受醫學訓練，於一八〇七年來華宣教，已發現利用贈醫施藥，頗能引起病者對福音的關注。一八〇九年遂與東印度公司的醫生李文斯敦（John Livingstone）合作，在澳門開設診所，附設藥房，並備有中醫、中藥，已具中西醫結合。從而影響美國公理會派遣伯駕（Peter Parker, 1804-1888）來華，成為來華第一位醫療傳教士，是為醫療傳道的先聲。並促成近代西醫的入傳。[41]

近代西方傳教士來華宣教，尤重借助出版、教育及醫療的間接傳教策略，取得成效，皆由此而起。馬氏來華宣教開山之貢獻，於此可見，而更重要則為：

其一，馬牧來華宣教，直到一八三四年逝世，前後二十七年。由於其對華宣教的呼召，引致同會及歐美傳教士相繼來華宣教，於馬氏在生時，共有二十四人，相繼至南洋一帶，向華人宣教，其中較著者為米憐、麥都思，美部會裨治文、雅裨理（David Abeel, 1804-1846）、荷蘭傳道會的郭士立等

---

39 李志剛：《基督教早期在華傳教史》（臺北市：臺灣商務印書館，1985年），頁169-173。

40 英華書院創辦，參馬禮遜夫人編：《馬禮遜回憶錄》（桂林市：廣西師範大學，2004年）、138-143、148-150、165-168；李志剛，同上註，頁201-203；譚樹林：《馬禮遜與中西文化交流》（杭州市：中國美術學院出版社，2004年），頁194-216；又參Brian Harrison, *Waiting for China*一書。

41 參馬禮遜夫人編：《馬禮遜回憶錄》（桂林市：廣西師範大學，2004年），頁158-160，記求診者達三百多人，多屬慢性病、肚子痛、胸痛、腸痛、慢性風濕及急性的傷寒症。李志剛，同上註，頁239-252；譚樹林：《馬禮遜與中國文化論稿》（臺北市：宇宙光，2006年），頁171-200。

人，使中國工場得於鴉片戰爭前後而獲得開展，福臨中華，由是開啟。[42]

其二，馬牧辛勤宣教卻不忘得人，至一八一四年遂有第一位華人信徒蔡軻受洗入教。一八二三年按立教會史上第一位宣教師梁發，福音由是為華人所信仰。馬氏在世，共得十名華人信徒受洗，然一粒種子，終於遍植中華大地。[43]華人教會，日見規模，而馬牧在華傳教二十七年所付出之辛勞，其果實終得見於今日，此乃紀念馬牧的其來之有自，難怪他在澳門的墓誌銘，被刻下「萬世不朽之人」的德頌。

其三，促成中國現代化。隨著文字、教育及醫療傳教策略的推動，西方教育文化及醫療事業終於在中國植根。以香港為例，一八三五年創設於澳門的馬禮遜紀念學校，於鴉片戰後，遷校香港灣仔，時稱飛鵝山書院，以英語、西學及基督信仰培訓華人子弟，終於教出容閎（1828-1912）、黃勝（1825-1902）、黃寬（1829-1878）三位西學的先驅。而倫敦傳道會的英華書院，亦於一八四三年遷校香港，由理雅各（James Legge, 1815-1897）主其事，並於一八六一年建議設立中央書院（皇仁書院前身），為香港培訓一批中英雙語精英。該院並設印刷所，出版香港首份華文報章──《遐爾貫珍》，促成近代香港出版及文化事業的誕生。就醫療而言，該會於香港開設診所，而馬禮遜女婿合信醫師（Benjamin Hobson, 1816-1873）且於灣仔開辦醫院。一八八七年由何啟（1859-1914）捐助興辦雅麗氏紀念醫院，並開設西醫書院，培訓西醫，從而促成香港社會的進步，使香港成為近代中國西方文化的窗口，影響清季改革與革命運動的興起。[44]

---

42 李志剛：《基督教早期在華傳教史》（臺北市：臺灣商務印書館，1985年），頁72-84；譚樹林：《馬禮遜與中西文化交流》（杭州市：中國美術學院出版社，2004年），頁175-188。

43 馬禮遜於一八三二年發表在華宣教二十五年報告，指出有梁發、丘發、李興等十名華人信徒歸信，馬禮遜夫人編：《馬禮遜回憶錄》（桂林市：廣西師範大學，2004年），頁281-282；馬氏宣教影響，參譚樹林：《馬禮遜與中西文化交流》，同上，頁192-193。

44 李志剛：《馬禮遜牧師傳教事業在香港的延展》（香港：香港中文大學崇基學院，2007），頁9-23；李金強：〈香港道濟會堂與清季革新運動〉，陳建明、劉家峰主編：《中國基督教區域史研究》（成都市：巴蜀書社，2008年），頁127-141，黃寬為中國第一位

四 結論

上述馬禮遜這位新教來華宣教「開山祖」的生平與事工中，可見歐美教會於十八至十九世紀中對福音普傳的覺醒，促成傳教士東來中土，於異鄉、異教的環境下，努力傳教。此一宣教精神，深值今日華人教會珍惜。而馬牧在清季宣教困境中，起而擬定宣教策略，付之行動，尤足借鑑。

一方面透過家庭禮拜與遊行佈道吸納信徒，此與近日教會採行家庭聚會、細胞小組及街頭佈道，堪稱一脈相承，仍為現時宣教未容忽略的方法。另一方面又透過文字、教育及醫療之間接傳教，亦見果效。十九世紀下半葉至二十世紀上半葉，基督教日漸為華人社會所接納，其中上述文字、教育及醫療傳教，促成華人社會的現代化，堪稱功德無量，亦因而促使基督教與華人社會的結合，完成福臨中華的使命。

由此可見馬禮遜來華宣教使命的承接，以及對其默察困境，擬定宣教策略，開拓中國宣教契機的不懈精神，彌足珍貴。顯然，此位開山祖的生平與事功，仍為當前教會史及近代中西文化交流史上不容忽略的重要人物。而本書以華人教牧群體之興起為研究對象，當從馬禮遜的開山傳教事業，作為首起。

西醫，其生平參蘇精：〈黃寬的醫學生涯與中西文化夾縫〉，《西醫來華十記》（臺北市：元華文創，2019年），頁157-189。

王煜初牧師
（1843-1903）

第三章

近代華人教牧的誕生

——道濟會堂王煜初牧師（1843-1903）的生平及思想

倫敦傳道會（London Missionary Society）為西方差會來華開教的先鋒。由馬禮遜及米憐先後至澳門、廣州及馬六甲，建立宣教事業。至一八一八年，於馬六甲創設英華書院，為中西傳道人提供語文及神學訓練，從而促成第一代華人教牧的誕生。其中最著者為梁發（1789-1855）及何進善（1817-1871），先後於該校就讀，接受中英語文及神學的培訓。[1]前者於一八二一年由馬禮遜按立首位華人宣教師（Evangelist）。[2]後者於一八四六年為香港倫敦傳道會所按立，為該會第一位華人牧師，負責該會在港的華人事工。[3]

至一八八四年該會華人信徒「人才濟濟」，謀求自立，終於建立道濟會堂，邀聘原來出身於禮賢會（Rhenish Missionary Society）的王煜初為會牧，並由其參與促成該堂之自立，該堂遂成為香港教會史上第一間自立教

---

1 Brian Harrison, *Waiting for China: The Anglo-Chinese College at Malacca 1818-1843, and Early Nineteenth-Century Missions* （Hong Kong: Hong Kong University Press, 1979), pp. 124-131, 191-194. 李志剛：《基督教早期在華傳教史》（臺北市：臺灣商務印書館，1985年），頁61-75、201-213。

2 查時傑：〈梁發——第一位中國籍牧師〉，《中國基督教人物小傳》（臺北市：中華福音神學院，1983年），頁2-4，又參蘇精：〈林則徐的翻譯梁進德〉，《中國，開門！——馬禮遜及相關人物研究》（香港：基督教中國宗教文化研究社，2005年），頁222，謂馬禮遜只按立梁發為宣教師（evangelist）而非牧師。

3 梁柱臣：〈何牧師事略〉，《教會新報》（臺北市：華文書局，1968年重刊），冊3，頁1380；謂何牧「誠心事主，熱中為道……才學奇偉，……於新舊二約之深微奧旨，無不洞達」。查時傑：〈何進善——基督教入華初期之一代名牧〉，同上註，頁10-13；並參劉紹麟：《中華基督教會合一堂史：從1843年建基至現代》（香港：中華基督教會合一堂，2003年），頁74-77。

會。[4]由此可見，粵、港、澳一帶，實為近代中國基督教的重要發源地，亦為華人教牧之搖籃。[5]

上述倫敦傳道會梁、何、王三位名牧，於其受訓及傳道的歷程中，早已能口講聖言，秉筆著述，繼而出版宗教書籍，從而促成近代華牧講壇及神學的發軔，深值研究。其中梁發、何進善二人近日已見研究，何氏且被譽為「第一位近代華人神學家」。[6]而王煜初及王謙如（1847-1907）兄弟二人，亦始受注意。[7]本文即在近代中國華人教牧群體研究此一方向下，進而探討王煜初牧師的生平及思想，藉此為早期華人教牧與神學的研究，提供一項例案。

一　生平

王煜初，名沾輝，字炳耀，煜初為其號。原籍東莞官涌，其父元深（1817-1914）為德籍獨立傳教士郭士立牧師於香港所創設「福漢會」（Chinese Union）的會員，其初參與派發聖書工作。[8]日後並撰寫《聖道東來考》一

4 張祝齡：〈香港道濟會堂自立之原因及辦法〉，《中華基督教會年鑑》，冊1（1914年），頁29-30。

5 近代中國第一間教堂，即由美國浸信會創設於香港皇后大道，參李金強：《自立與關懷：香港浸信教會百年史》（香港：商務印書館，2002年），頁2-6；邢福增：《香港基督教史研究導論》（香港：建道神學院，2004年），頁9-30。參該文對於西方差會入華傳教，以香港作為橋頭堡的論述。

6 P. Richard Bohr, "Liang Fa's Quest for Moral Power," in Suzanne Wilson Barnett and John K. Fairbank eds., *Christianity in China: Earl Protestant Missionary Writings* (Cambridge: Harvard University Press, 1985), pp. 35-46. Lauren Pfister, "A Transmitter But not a Creator: Ho Tsun-sheen (1817-1871), The First Modern Protestant Theologian," in Irene Eber, Sze-Kar Wan, Knut Walf eds., *Bible in Modern China: The Literary and Intellectual Impact* (Sankt Agustin: Institut Monumenta Serica, 1999), pp. 165-192.

7 張志偉：〈王煜初牧師傳〉，《近代中國基督教史研究集刊》第4期（2001年），頁115-1127。王謙如亦一八八四年由禮賢會按立為牧師，其著述不讓乃兄，並參張志偉：〈晚清基督徒調適基督教與中國文化的嘗試——王謙如的「超儒論」研究〉，《建道學刊》第23期（2005年），頁143-180。

8 關於郭士立創設「福漢會」，並訓練華人助手進入內地傳道，可參李志剛：〈郭士立牧師

書，是書雖只有三十八頁，但為華文近代中國基督教史開山之作，尤具意義。[9]一八四六年德國信義宗禮賢會，由於郭士立的呼召，差派葉納清牧師（Rev. Ferdinand Genähr, ?-1864）及柯士德牧師（Rev. Heinrich Küster）來華宣教，翌年抵港，參與福漢會宣教事工，可惜柯士德牧師於同年十一月病逝。一八四八年羅存德（William Lobscheid, 1822-1893）亦到港加入，遂以香港為基地進入廣東，開拓宣教工場。元深轉從葉納清及羅存德二人巡迴傳道，成為禮賢會入華首批傳道，足跡遍佈東莞、新安一帶鄉邑，以醫療開教，先後建立西鄉、福永、新橋等傳教站。[10]元深亦由是被譽為「中國信義宗禮賢會的奠基者」。[11]元深共有二子，此即煜初及謙如。二人日後均成為粵港名牧，而長子煜初，於一八五〇年由羅存德施洗，加入教會，成為信徒。據其父所說，王氏早年性情愚惰，不能讀書，又不願學藝，受僱於人數年[12]，然經其責訓，始行覺悟而矢志讀書。繼而入學於葉納清所創辦之「神道學校」，該校於一八四八年始設於西鄉，為十九世紀國內較早設立之神學院。一八六一年遷校至荷坳，一八六四年由於葉牧病逝，再遷至福永，由呂威廉牧師主理。煜初、謙如兄弟二人，即於此時就讀該校。[13]至此，煜初勤

在港創立之福漢會及對太平天國之影響〉，《基督教與近代中國文化論文集》（臺北市：宇宙光，1989年），頁66-74。

9 王元深：〈原序〉，《聖道東來考》（香港：1899年），頁1，謂基督教「各會入粵，猶親見之」，若無記載，將「考據無徵」，故撰是書；李志剛：〈早期香港教會史之研究〉，林治平主編：《從險學到顯學——2001年海峽兩岸三地教會史研究現況研討會論文集》（臺北市：宇宙光，2002年），頁246-249。

10 葉、羅二牧在廣東宣教及著述，可參Alexander Wylie, *Memorials of Protestant Missionaries to the Chinese (1867)* (Taipei: Ch'eng-wen Publishing Co., 1967, reprinted), pp. 161-163, 184-187; 又參王元深：《聖道東來考》（香港：1899年），頁17-18。

11 查時傑：〈王元深——中國信義宗禮賢會的奠基者〉，同前註，頁6-8；麥梅生：〈王公元深傳略〉，羅彥彬輯：《禮賢會在華傳教史》（香港：禮賢會香港區會，1968年），頁101-103。

12 王元深：〈信道實錄〉，《萬國公報》（臺北市：華文書局，1968年），冊3，頁1733，又王元深：〈歷艱明證記〉，見羅彥彬輯：《禮賢會在華傳教史》（香港：禮賢會香港區會，1968年），則謂煜初隨其出外傳道，並為公孫惠牧師當侍役。

13 羅彥彬輯：《禮賢會在華傳教史》（香港：禮賢會香港區會，1968年），頁85；王炳堃

奮向上，漸具文采，所撰文字，並獲新安學官評列第二名。一八六四年，荷坳出現霍亂疫症，鄉人染病，死亡無數，葉牧施醫救人，最終染疾逝世。時該校學生大多離開，獨煜初兄弟留下照料葉牧，葉牧逝世後，又將其葬於當地長磡仔山。[14]至一八六五年畢業，出任傳道。初至石龍傳教，翌年由該會傳教士花之安（Ernst Faber, 1839-1899）派赴虎門傳教，繼而娶妻葉氏。然由於工作勤勞過度，染患肺疾[15]，一八七三年，至福永養病，繼而南下香港，以該地氣候對其病體較佳，受巴陵會育嬰堂所聘，出任教職，身體日見康復。至一八八四年被巴陵會按立為牧師，翌年為道濟會堂所聘，出任會牧。王牧任職道濟會堂期間，除牧會宣教，發展教會外，勤於著述，更關心民瘼，心懷祖國。由是成為十九世紀下半葉的香港名牧，現就其文字著述，探討王氏的信仰、思想及言論。[16]

（即王謙如）：〈葉牧師行述〉，《萬國公報》（臺北市：華文書局，1968年），冊3，頁1707。葉牧創校目的乃為「教授生徒，為儲傳道人才」，從遊者百餘人，並聘黃甲臣、潘鑑蓉、黃執經，陳曉樓，溫廷芝等地方文士，講授傳統經史，該校學生且有參加科舉「博青衿，補餼者」。並參梁家麟：《廣東基督教教育1807-1953》（香港：建道神學院，1993年），頁51、87。該校學生不但具有神學、西學的培訓，且對傳統中國經史具有一定的認識。又梁氏認為此乃我國首設之神學院，然據王治心所說，認為一八四六年崇真會於李朗創設之存真書院，才是最早之神學院，參王治心：《中國基督教史綱》（上海市：上海古籍出版社，2004年，重刊），頁271。

14 王炳堃：〈葉牧師行述〉，《萬國公報》（臺北市：華文書局，1968年），冊3，頁1707-1708；J. Genähr, "The Life History of Pastor Wong Yuk-cho," *The Chinese Recorder*, 35.8 (1904): 395.

15 謝洪賚：〈王公煜初傳略〉，王誌潔編：《王氏家傳》（2005年，自印本），頁13，謂煜初於一八六四年已患肺病。然據其文說「是年（1869）煜初染肺症病，咳無停止，痰中有血……嘉約翰醫生（John G. Kerr, 1824-1901）診視，謂其肺壞，宜居熱地，方克有濟。」故南下香港，見王元深：〈歷艱明證記〉，見羅彥彬輯：《禮賢會在華傳教史》（香港：禮賢會香港區會，1968年），頁122；又花之安日後從事著述，比較中西文化，力主中國學效西方善法，並由耶穌道理入手，進行改革，藉此振興國家。參花之安：〈序〉，《自西徂東》（1879）（上海市：上海書店，2002年，重印），頁1-4。

16 〈王煜初牧師〉，劉粵聲編：《香港基督教會史》（1941）（香港：香港浸信教會，1996年，重刊），頁312-314。

二　信仰、思想與言論

王牧自一八六一年進入神道學校，矢志讀書，學識日漸累積，且其師葉納清被譽為「聰穎絕倫，博極群書……自通中土典籍，與人辨道，援經據史，雖宿儒亦不過是」。[17]王牧兼通中西，自受其師之影響。於一八七三年南下香港，其時香港在英人管治下移植西方政教，日見繁榮。[18]而處於同治（1862-1874）、光緒（1875-1908）之季世，中國內憂外患，相繼而至。就內憂而言，此即五十年代太平天國起事、天地會「紅巾之亂」，蔓延兩廣，此後地方會黨（三合會），盜匪械鬥，無日無之。[19]就外患而言，兩次鴉片戰爭初發生於廣東，英、法、美、俄四國均為挑釁及侵略者，一八七四年日本由於琉球漁民漂流臺灣，為當地番族所殺，竟然出兵侵略臺灣。其次歐美傳教士來華宣教，時廣東省民於兩次鴉片戰爭後，強烈排外，導致民教衝突，廣東教案自一八六〇年至一九一一年間，近人估計約為三十五宗，其中以德國三巴會——巴色會（Basel Missionary Society）、巴陵會（Berlin Missionary Society）、巴冕會（Barman Missionary Society，後改稱禮賢會），所引致的教案最多，英美教會次之。而禮賢會即有四宗。[20]王牧及其父元深亦先後受到藥丸迷亂婦人及神仙粉毒人謠傳而受到迫害。[21]面對上述時艱，王牧感懷家國，「噫！忠君愛國者，其可不悟乎，今泰西外邦，英抱獅雄，俄存虎視，德奮鷹飛，法仗狼貪之勢，東之臥龍，其可奈何！」[22]又說：「時事北亟，中

17 王炳堃：〈葉牧師行述〉，《萬國公報》（臺北市：華文書局，1968年），冊3，頁1707。

18 王韜：〈香港紀略〉，《弢園文集外編》，卷6，頁260-265; James Legge, "The Colony of Hong Kong," (1872) *Journal of the Hong Kong Branch of the Royal Asiatic Society*, Vol. 11 (1971), pp. 184, 188-190.

19 蔣祖緣、方欣編：《簡明廣東史》（廣州市：廣東人民出版社，1987年），頁419-427。

20 李志剛：〈晚清廣東基督教教案之試析〉，《基督教與近代中國文化論文集》（臺北市：宇宙光，1990年），冊2，頁143-147。

21 王元深：〈歷艱明証記〉，見羅彥彬輯：《禮賢會在華傳教史》（香港：禮賢會香港區會，1968年），頁111-112、114-115、118、123-126。

22 王炳耀：〈治通論〉，《萬國公報》（臺北市：華文書局，1968年），冊5，頁2860。

國日危，民雖寄海外，而心廑君國。」[23]又所持守基督教信仰受到地方排拒，而生「傳教士實有益於天下，究何害乎中華！」的感慨。[24]

即在此一中外交困的環境下，王牧起而撰寫書、文，發為言論，提出對教會、社會及國家所處艱困境遇的解救之道，期待治平的來臨。其主要文字，大多刊登於林樂知所主持的《教會新報》及《萬國公報》，又出版專書，成為清季少數具有文字傳道能力的華牧。綜觀王牧著述內容，約可分為三大類。

其一，基督教在華發展的觀察。包括〈釋疑〉(1870)、〈正道論〉(1872)、〈問聖人〉(1874)、〈勸捐文〉(1875)、〈互論時事〉及〈互論時事後半〉(1876)、〈上陸佩牧師第一書〉(1878)、〈求議義一：傳教求義〉(1892)、〈說教雪〉(1898)。

其二，社會風俗更革如祭祖、禁煙言論。包括〈答癡道人書〉及〈續答癡道人書〉(1875)、〈孝道折衷〉(1877-1878)、〈議禁鴉片者行善勿怠力不中輟屆期可獲論〉(1891)、〈求議義：祭親求義〉(1892)、〈覆指迷弼教論〉(1898)、〈祭先揭義〉(1898)。

其三，國家富強的改革言論，包括〈答客問〉(1872)、〈時事論上、下〉(1875)、〈治道論〉(1876)、《中日甲午戰輯》(1899)、《拼音字譜》(1897)、〈上合肥傅相書〉(1901)、〈要政條陳十則上合肥傅相書〉(1901)。茲分別就王牧所論說明之。(參附錄)

三　基督教在華發展的觀察

王牧所信基督教，於中國社會遭受排拒，「教民守規者，雖無其過，反

---

23 王炳耀：〈上合肥傅相書〉，《萬國公報》(臺北市：華文書局，1968年)，冊32，頁20139。

24 王炳耀：〈求議義一：傳教求義〉，《萬國公報》(臺北市：華文書局，1968年)，冊20，頁12922。

快心於痛毆、劫掠之餘」。[25]故耶穌之道，何以生存，即為其中心課題。所以自一八七〇年代起，王牧即以闡釋耶穌教（基督教）真理為己任。初以儒、釋、道、回、天主教比較宗教觀點，肯定耶穌教為一正道，並較之他教，為不偏不倚地論述「原始天真」、「今生倫常」及「來世報應」的教義，而以敬信耶穌為救靈之方。[26]而更要者，則為耶教能與中國正統儒家文化會通，「其理近儒而異佛老，且能崇佛儒而拒佛老，惟論其道是以收人心助國家者」，原因乃耶穌教「論過極微極嚴」、「論愛極精極博」，足以為民治心，而有助於國家根基的穩固，開宗明義說明耶穌教與中國文化的協和及有助於治國。[27]王牧進而提出耶穌教在華發展及其生存肯定的三點觀察。

其一，奉獻以自養。基督教入華，有賴於西方「民間的善者」「樂心捐金」的奉獻，遂有「創立書院、考選才智有德之士」的傳教士來華傳道，宣揚聖教，建立傳教事業，從而使華人得以「感沾雨化」。[28]故此王牧於一八七五年〈勸捐文〉一文中，提出華人信徒應「理當捐題，近播邦域之中」，此即奉獻協助各地教會發展事工。文中並舉出若干顯例，包括佛山鎮倫敦會「備斧資，建講堂，延教師」；肇慶浸信會「十餘信士共延聘一教師開基」；而倫敦會溫全聰奉獻，延聘一教師，設講於香港，陳詩武盡獻五百金給教會

25 王煜初：〈正道論〉，《教會新報》（臺北市：華文書局，1968年重刊），冊5，頁209。及至庚子拳變後，反省教案發生原因，認為乃人類理欲交戰所致；兼之國內黎民受到貪官、土豪、劣紳的欺壓，遂有加入教會（天主教）成為教民，求取庇護，致使官紳痛恨教會。此外，政府頒行地方調處民教不和之告示，地方官員未能著實執行，最終形成義和團大亂，參王炳耀：〈上合肥傅相書〉，《萬國公報》（臺北市：華文書局，1968年），冊4，頁1941。

26 王煜初：〈釋疑〉，《教會新報》（臺北市：華文書局，1968年重刊），冊4，頁1941。

27 引文均見王炳耀：〈時要論下〉，《萬國公報》（臺北市：華文書局，1968年），冊3，頁1646。清季華人教牧、信徒關於耶儒會通的議論，共具有「合儒」、「補儒」、「超儒」三種模式論述。參邢增福：《文化適應與中國基督徒1860-1911》（香港：建道神學院，1995年），頁117-138；至於耶儒會通的研究史，可參梁家麟：〈徘徊於耶儒之間——基督教與中國文化的相向研究評介〉，《徘徊於耶儒之間》（臺北市：宇宙光，1997年），頁11-80。

28 王煜初：〈釋疑〉，《教會新報》（臺北市：華文書局，1968年重刊），冊4，頁1941。

宣教之用。王牧因而鼓勵禮賢會自養自立。其法即「凡有工值者每員，每安息抽錢四文，無工值之男女老幼貧富任捐」。並規定各州府縣信徒交款於當地教會執事者，每年年底須列出捐項清單，呈交牧師。再由牧師於年底聚集時全盤核算，所獲捐款「妥議一良法，以權子母」，並歡迎他會「輸誠樂助」，共襄此舉。[29]藉此使教會得以自養。由此可見，王牧於其時已具教會自立的理念與實踐的具體方法。

其二，促成現代化。基督教來華，促成中國現代化，此為近代中國基督教史上一重要的歷史現象。[30]王牧亦於其時指出傳教士「以救世挺身傳道於東西環球中，幾無地不至矣」，而來華傳教士更推介西學，使其時中國「曆數精、兵器利、海軍雄……算學、法學、化學舉凡格致諸學，其初，書非譯自傳教士耶，倡格致之學，行格致之事，開格致之風，初非勸自傳教士耶。」[31]可見中國吸納西學的現代化，顯然得力於來華傳教士。

其三，本色化理念。王牧認為西教入華，傳教士傳揚福音，必須對中國禮教加以尊重。「噫！傳教者當知獨傳救世之道耳，非傳其國俗、會規也；……何可以傳道之心作易俗之想，變救靈之教為禮教之教」。同時指出基督教在華宣教，未見順利，此乃因傳教士未能尊重中國禮教與文化。前者如「各以其（本國之）禮為教會之禮」，後者則「忽中國文字經書」。故此，王牧感嘆地說，基督教入華「立約傳教，已為士大夫所深疑，況復掩其經去其文乎，此聖道所以又不能推行乎中國也。」[32]故此，基督教來華之發展，務必與中國之禮俗及文化有所配合，此即其時華牧針對傳教士以「西方文化」為中心傳教態度的修正，是為近代中國本色化理念所由生。

---

29 王炳耀：〈勸捐文〉，《萬國公報》（臺北市：華文書局，1968年），冊3，頁1706-1707。

30 李金強：〈中國基督教史研究之興起及其發展〉，《近代中國基督教史研究集刊》創刊號（1998年），頁11-12。

31 王炳耀：〈求議義一：傳教求議〉，《萬國公報》（臺北市：華文書局，1968年），冊20，頁12922。

32 王炳耀：〈求議義一：傳教求議〉，《萬國公報》（臺北市：華文書局，1968年），冊20，頁12922-12924。

四　社會風俗更革的言論

王牧對於傳統中國社會風俗的更革，主要針對祭祖與禁煙兩者，提出主張。

祭祖由於與孝道關係密切，不但為儒家思想的核心，且為傳統中國社會倫理價值的支柱。然華人祭祖卻被傳教士視為偶像崇拜，以及引發社會陋習如迷信、耗財、納妾的根源，大受反對。[33]故此祭祖問題，遂引起清季華人教牧、信徒的關注。其時並引發教內外人士對祭祖問題的爭議，從而產生「劫餘子論爭」（1868-1869）「《釋疑彙論》論爭」（1883-1884）及「史季氏論爭」（1908-1909）三者，出現祭祖與基督教信仰是否牴觸的辯論，為清季基督教入華重要的信仰與神學課題，在此一辯論過程中，逐漸衍生出祭祖問題取捨的三種論議。

其一為折衷派，認為祭祖與基督教敬拜上帝有相通之義，且中、西祭祀均具有實踐孝道的共通精神。

其二為變質論，指出古代祭祖原為敬拜上帝，體現孝道。然至今此義消失，且變質成為拜祭偶像及迷信的工具。而墓祭即為變質的表徵。

其三真祖宗論，基督教主張孝順父母，更重要為敬拜上帝。中國祭祖，只及人父，未及天父。天父才是禮敬的根本，才是真祖宗。[34]

第一說認為祭祖無礙，二、三說則持否定。時王牧亦參與祭祖的辯論，著述最多，除於《萬國公報》發表〈答癡道人書〉、〈孝道折衷〉等文外，更於《釋疑彙論》一書中論爭發表〈覆指迷弼教論〉及〈祭先揭義〉二文。〈答癡道人書〉乃對教外儒生藉祭祖問題攻擊基督教的回應，為王牧所論祭

---

33 傳教士對於祭祖問題爭論，其中丁韙良（W.A.P. Martin, 1827-1916）贊同祭祖。而戴德生（Hudson Taylor, 1832-1916）則激烈反對，後者為大多數來華傳教士所支持。參梁元生：《林樂知在華事業與萬國公報》（香港：中文大學，1978年），頁32-48。並參邢福增、梁家麟：《中國祭祖問題》（香港：建道神學院，1997年），頁11-20。

34 邢增福：《文化適應與中國基督徒1860-1911年》（香港：建道神學院，1995年），頁144-173；邢增福、梁家麟：《中國祭祖問題》（香港：建道神學院，1997年），頁23-25。

祖之作。〈孝道折衷〉為一長文，由一八七七至一八七八年連載十七期。此乃禮賢會傳教士花之安牧師命題，由其撰寫，以折衷觀點「求孝道之真原」，務求得悉「古聖深心」及「天道大光」。[35]而後二文則回應慕道儒生羅巘南所撰〈指迷弼教論〉一文，批判教會禁祭（祖）的言論，兩文均見爬梳中國祭祀來源、法規，闡發祭祖的原生本義在於「展孝思」，而由此論斷與基督教教義契合。[36]上述諸文，不但可見王牧對於中國祭祠制度相關文獻的嫻熟及對其制度的精細說明，並顯示出王牧對祭祖問題持「折衷論」的觀點。

其次為禁煙論。中國自鴉片戰爭禁煙失敗後，鴉片弛禁，煙禍由是瀰漫於社會。時西方傳教士早已發現煙害，以其愛人之心，首先推行禁煙。其中因英國從事鴉片貿易，成為傳教士禁煙首要的對象，一八七四年且於英國成立「英東反鴉會」，該團體並獲在華傳教士一致支持。亦由前倫敦會來華傳教士丹拿牧師（Rev. Frederick S. Turner, 1834-1916）出任執行秘書，推動各項禁煙運動，而最重要則為遊說英國國會議員支持禁煙，可惜均告失敗。稍後丹牧並呼籲國人成立禁煙團體，遂由廣東羊城教會成立首間「勸戒鴉片公會」，從事禁煙運動，王牧即在此一背景下與香港華人教會領袖溫清溪（1834-1915）亦在香港發起成立「勸戒鴉片會社」，鼓吹禁毒。[37]王牧遂於一八七五年撰文提出鴉片的輸入及吸食，均影響國家財政及國民體質的禍害，沉痛地指出「除民害者莫急於禁煙」。[38]並於一八九一年聯合香港教會人士上書英國下議院，要求英國禁運鴉片至中國，然卻未能成功。一八九二年再次發表禁煙言論，呼籲中外信徒支持禁煙。首先提出應以「行善而本於上帝之愛」及「以篤信之心」的基督教精神來推動禁煙。進而就中、英、印之

35 王炳耀：〈孝道折衷卷一〉，《萬國公報》（臺北市：華文書局，1968年），冊7，頁4267。

36 《釋疑彙論》論爭，見邢福增：《文化適應與中國基督徒1860-1911年》（香港：建道神學院，1995年），頁156-166。

37 黃智奇：《亦有仁義——基督教傳教士與鴉片貿易鬥爭》（香港：宣道出版社，2004年），頁32-45。〈王煜初牧師〉，劉粵聲編：《香港基督教會史》（1941）（香港：香港浸信教會，1996年，重刊），頁313。丹拿牧師著有*British Opium Policy and its Results to India and China*（London, 1876）一書。

38 王炳耀：〈時要論〉，《萬國公報》（臺北市：華文書局，1968年），冊3，頁1643。

間鴉片貿易關係，分析十點。認為「鴉片必終禁也」，此十點分別為：

一、鴉片陰毒，吸者欲戒，只要「有司轉嚴」最終必禁。

二、鴉片影響中國經濟。

三、大清與大英仁人同心議禁。

四、販售鴉片有利亦有害。

五、中國將種植土煙，抵制印煙。

六、時英、俄爭雄，英國難保永遠擁有印度。

七、英國仁人反對俄國驅逐俄境的猶太人，而亦將依此關心華民禁煙。

八、大英仁人參與倡禁。

九、鴉片之禁，造物者必有其時。

十、呼籲天下信徒為禁煙禱告。

可見王牧禁煙言論乃就其時中、英、印的時勢變化及基督教信仰，呼籲中外信徒共同加入支持禁煙運動，此乃華人教牧借基督教力量所策動之社會運動。[39]

繼而又於一八九四年再次上書英國議員，說明鴉片毒害之禍，批評時人「有毒之鴉片不思早禁，無毒之賭博，反求力禁」的荒謬，並指出禁煙不行，乃英國難捨鴉片之利，藉此陳述，務求支持禁煙。[40]

五　國家富強的改革言論

王牧於一八七三年因肺病南來香港調養。論者謂其文章開始由關注教會轉而關注國事，其所發表時論，大抵與林樂知主編的《教會新報》易名為《萬國公報》，其辦報宗旨逐漸由「教」入「政」有關。[41]然尚須注意者為自

---

39 王炳耀：〈議禁鴉片者行善勿怠力不中輟屆期可獲論〉，《萬國公報》(臺北市：華文書局，1968年)，冊20，頁12677-12681。

40 王煜初：〈論禁鴉片——此論已譯英文呈大英議政員〉，《萬國公報》，22期，頁14334-14335。

41 梁元生：《林樂知在華事業與萬國公報》(香港：中文大學，1978年)，頁83-85。此即由關注傳教及教內聯絡，逐漸轉為關注國家自強的政治改革言論。

七十年代以降，適值列強擴大對華侵略，沿邊及藩屬如琉球、越南、緬甸、朝鮮相繼被奪。中國國勢一落千丈，王牧遂有「堂堂大國而任人左左右右，尚不圖雄更待何時」之感喟。[42]與此同時，沿海開明官紳亦相繼起而呼籲改革，謀求富強。其時王牧所處香港，即有倫敦傳道會出身的王韜（1828-1897）於一八七四年創辦《循環日報》，於該報撰寫〈論說〉，針砭時局，倡導變法自強的改革言論。而道濟會堂會友何啟（1859-1914），與好友胡禮垣（1847-1916）感觸時事，於八十年代發表〈曾論書後〉一系列文章，其後並結集而成《新政真詮》一書。提出「民政為本，軍政為末」，力主中國從事內政「制度層面」的改革。具有香港背景的王韜、何啟、胡禮垣三人倡議之變法論，一躍而成為近代中國思想史上聲名顯著的改革思想家。[43]王牧身處香港，自受感染，關心時局，由是發出追求國家富強的改革言論。

一八七〇年代，王牧已因應清廷自強運動進行改革的時尚，先後提出開礦以興利，反對八股時文而應講究實濟之君民學的主張。[44]而更重要則為一八七六〈治道論〉一文，對清廷時弊及改革提出具體的說明。首先指出清廷具有十病，分別為一病仕途、二病吏治，乃為文官學非所用，官俸菲薄，難以養廉。三病武職，四病兵丁、乃武官無能，兵丁餉薄疲瘻。五病民情，乃司法不公。六病民需，七病國帑，乃民貧財缺。八病財源，乃貿易逆差。九病國勢，乃內憂外患，十病民心，乃國民「匪惟各抱自持、驕矜之志，以鄙薄於外人」，質素不佳。

而因應改善之道在於：（1）以改仕途以正百官——設「格致、法釋、武學」「講武修文」，選拔文武人才。（2）修吏治以嚴官守——「增官祿、嚴官職」。（3）整武職以強國威——重視「攻守驗其策、兵法審其才」的戰術、戰技之培訓。（4）正兵丁以備不虞——「習西人水陸之軍」，給予足夠糧餉。

---

42 王炳耀：〈時要論下〉，《萬國公報》（臺北市：華文書局，1968年），冊3，頁1645。

43 羅香林：〈王韜在港與中國文化之關係〉，《香港與中西文化之交流》（香港：中國學社，1961年），頁54-62；李金強：〈香港華人與中國——何啟、胡禮垣之研究〉，《書生報國——中國近代變思想之源起》（福州市：福建教育出版社，2001年），頁40-56。

44 王炳耀：〈時要論上〉，《萬國公報》（臺北市：華文書局，1968年），冊3，頁1643，王氏謂：「大丈夫志在君民學求實濟，豈可拘於章句哉！」。

（5）恤民情以結眾志——改革司法，如「刪狀詞」、「公開審訊」等。（6）裕民需以養兆姓——增加謀生機會，如「保民遠涉以謀生」。（7）儲國帑以足財用——「攝官事」、「嚴稅務」、「征商賈」，增加稅收。並建議撤回出洋留學，節省支出，改聘「西師」於本土教學，培訓新式人才。[45]（8）廣財源以富萬民——有緩急之分。緩求之法則「延西師」，培訓農工人才，購置「氣機」，生產工業用品，與「外洋」爭奪市場，藉此增加就業。而當務之急則在於開礦以足財用，禁煙以防稅漏，以至於「增稅務」、「築鐵路」及「通電報」，促進通商，加強邊防。（9）振國勢以省憂患——共分「外治」、「內治」。所謂外治則在於「鐵艦堅，戰具利，士卒精，邊防固」的國防建設。所謂內治則在於興辦新式專門學校如「技藝院」、「船政院」、「通商院」、「農政院」、「丹青院」、「師道院」（師範）、「宣道院」（神學）等教育建設。以此培訓各式人才。（10）治民心以固邦本——教民「先去異端以清其念慮，明昭事以齊其心志」，然後「誨以民胞物與之識」，提升國民質素，得與各國交往「彼以義來、務以理往」，縱使外人「存不測之心，我無可乘之隙」，國家由是安定。[46]

就上述王牧七十年代的改革方案而言，相繼提出對政治、司法、軍事、財政、經濟、教育以及文化各方面的新法改革，務求內外，體用兼備。眾所週知，其時清廷推行洋務運動，側重船堅炮利「技術層面」的國防建設。對於政治體制的「制度層面」而注意不足。然王牧所陳述的革新方案，又進而說明時行「多備戰具，譬諸童子服成人之衣冠，不惟無益於己，而反盜他人之用矣，豈能臻於上治乎？」又說：「切莫徒思外治之末務，早貴精求內治之深功」。[47]顯然王牧的改革思想及言論具有重視內政改革更顯前瞻的見解。

---

45 王炳耀：〈互論時事〉，《萬國公報》（臺北市：華文書局，1968年），冊5，頁3114。「與其以百餘人之費，散於外十五年後，獨收百餘人之效，孰若將此費，延師入國，設教於十八省……十五年後，奚見萬餘經濟之士乎。」此乃王牧對一八七二年容閎倡導一二〇幼童留學計劃的反對。又留美幼童計劃及實踐，參李志剛：《容閎與近代中國》（臺北市：正中書局，1981年），頁83-122。

46 王炳耀：〈治道論〉，《萬國公報》（臺北市：華文書局，1968年），冊5，頁2857-2860。

47 王炳耀：〈治道論〉，《萬國公報》（臺北市：華文書局，1968年），冊5，頁2856，2860。

及至甲午戰後，收錄「各報所載戰事」，出版《中日甲午戰輯》，藉此求當道借前車之鑑，而行勵精圖治之舉。[48]一八九八年，清政府下令變法，王牧又上萬言策，痛陳中國積弊；一九〇〇年庚子拳變，更上書李鴻章，陳述政教衝突原因及消解之道，關懷國是，溢於言表。[49]

繼而又發表〈要政條陳十則上合肥李傅相書〉(1901)，為王牧生平變法思想要旨之所在，要政十則包括：一、政教宜分治也；二、視教偏歆也；三、修教通中外也；四、立教總教商也；五、借才助中興也；六、變制洗國恥也；七、學校求實用也；八、學堂宜慎選也；九、民志宜鼓勵也；十、新字求准行也。其中一至五則，乃與平息教案有關。主張設（宗）教部，處理傳教事宜，並建議起用傳教士翻譯西書，協助變法。又建議設立商部，發展商業，認為傳教、通商為其時中興之急務。至於第六則為變法雪國恥，其方針乃「急變內政，修律例，改官制，易冠服」。七、八則分別為興辦大、中、小學，講授西學、實學，培訓人才。九則為禁煙，恢復民志、民身。十則為呼籲學習王牧所創的拼音方法，使全國各省均能通用言語及識字，得以學習新知，有助強國。[50]王牧的變法條陳，深具卓見，且為清季基督教華牧奉教，得以習染西學而成為時代先知先覺的最佳範例。

六　結論

清季香港名牧王煜初，由於其父元深歸信基督，遂與教會結緣，由是得以入學德國禮賢會學校和神道學校，接受中、西學術的培訓，繼而傳道牧會

48 王炳耀：〈自序〉，《中日戰輯選錄》（臺北市：臺灣銀行，1969年，重印），頁3。

49 王炳耀：〈上合肥李傅相書〉，《萬國公報》（臺北市：華文書局，1968年），冊32，頁20139-20141。

50 王炳耀：〈要政條陳十則上合肥傅相〉，《萬國公報》（臺北市：華文書局，1968年），冊32，頁20207-20211；又參王炳耀：〈拼音字譜自序〉(1897)，《清末文字改革文集》（北京市：文字改革出版社，1958年），頁13。認為若能推行拼音字母，改善民智，「天下莫強焉」。王爾敏：〈中國近代知識普及化之自覺及國語運動〉，《中央研究院近代史研究集刊》第11期（1982年），頁15-24。王氏指王煜初為近代中國語文改良先驅之一。

於粵、港兩地。時值列強侵華，神州淪落，朝野遂起而力謀變革，追尋國家的富強。而王牧由於入教，遂得與禮賢會傳教士葉納清、羅存德、公孫惠、花之安相交遊，得悉神道、西學；且身處香港，目睹西方政教在港實施的成效，由是漸具卓識。自覺教會信徒識見不亞於傳統科舉出身文士，王牧於一八七五年曾說：「我聖教濟濟多才，能博能文者，處不乏人，皆隱而未達耳！」[51]此言實為清季被國人視為「喫教」的華人教牧，信徒憑藉中西學養，出現智識優越群體自覺的重要里程碑，殊值注意！王牧遂由此起而撰文，以「究天人，通古今」之論述，謀求晉身於清季「公共空間」——於百家爭鳴的言論境界中，表達其「卓見」。

首起傳揚基督，主張耶儒會通，並以折衷天道、人道而不棄傳統祭祖風習，尤其主張教會自養自立，是為近世華人教牧倡導本色化自立教會的先聲。至一八八五年出任道濟會堂會牧，秉承其自立主張，帶領該會走向自立，從而成為本港教會史上首間自立教會。[52]其次，面對清季中國社會與國家的衰敗，王牧感懷時事，以其對基督信仰的持守及對西方文化認知，起而鼓吹改革。就社會方面而言，早年參與傳教士的禁煙運動，發表言論，提出主張。在道濟會堂任會牧之時，建議開設瞽目院，撫育盲女；上書港府要求設立公共浴室，防止疾病蔓延；又為貧民請命，要求禁設水錶，方便用水。[53]就國家而言，王牧早於一八七〇年代已對時政主張改革，包括對清廷吏治、司法、教育、財政等問題，提出改良的方法，力主借助西師，西法進行內政「制度層面」的更革。其主張與清季香港著名變法家王韜、何啟、胡禮垣所論如出一轍。此後王牧於甲午、庚子國殤之際，因應時局，提出推行拼音，普及教育，倡設宗教部，商部處理傳教，通商事務。並提出改革體例、官制，以及發展新式教育等建言。其所論容或枝節，未成體系，然頗多卓見，

51 王炳耀：〈續答癡道人書〉，《萬國公報》（臺北市：華文書局，1968年），冊3，頁1957。

52 王誌信：《道濟會堂史——中國第一家自立教會》（香港：基督教文藝出版社，1986年），頁10-16、36。

53 〈王煜初牧師傳略〉，劉粵聲編：《香港基督教會史》（1941）（香港浸信教會，1996年，重刊），頁314。

未容忽略。及至孫中山至道濟會堂參加崇拜，二人由是相知[54]，王牧竟然於一八九五年加入孫氏所領導的革命運動，與清季志士仁人的先知先賢者，同行於改革與革命的路途上，由是成為基督教的改革者與革命者。[55]

此外，就近代中華神學發展而言，論者每謂中華神學的特色在於「本色化」，而其內涵統括於對中國教會組織及文化層面的本色化，以至於反省信仰與中國處境關係，從而提出基督教信仰對國家與社會重建的議論。[56]就此而言，王牧實為十九世紀下半葉華人教牧中關注基督教信仰與中國處境關係的先行者，從而成為中華神學的「起跑員」，宜其被稱譽為中華神學的開山者之一。[57]

54 尹文楷：〈二十五年來之香港教會〉，《真光》第26卷第6號（1927年），頁7，謂區鳳墀建議孫中山至香港西醫書院就讀「且引與煜初先生相識」。

55 李金強：《一生難忘：孫中山在香港的求學與革命》（香港：孫中山紀念館，2008年），頁13-14、80-83。

56 邢福增：〈本色化與民國基督教教會史研究〉，《近代中國基督教史研究集刊》創刊號（1998年），頁85-87；又參關瑞文：〈神學與社會間的互動：以廣義的處境神學為例〉，吳梓明編：《宗教社會角色重探》（香港：香港中文大學崇基學院，2002年），頁114-140。

57 林榮洪：《中華神學五十年：1900-1949》（香港：中國神學研究院，1998年），頁29、37-38、61。林氏已注意王牧所扮演的角色，惜未深論。

附錄：王煜初著述表

1872年5月	王煜初：〈答客問〉，《教會新報》IV: 187，冊四，頁182a（1825）。
1872年8月	王煜初：〈釋疑〉，《教會新報》IV: 198，冊四，頁239b-240a（1940-1941）。
1872年11月	王煜初：〈正道論〉，《教會新報》V: 209，冊五，頁65b-66a（2094-2095）。
1872年11月	王煜初：〈問聖人〉，《教會新報》V: 209，冊五，頁69a（2101）。
1875年10月	王煜初：〈時要論上〉，《萬國公報》VIII: 360，冊三，頁135a-135b（1643-1644）。
1875年10月	王煜初：〈時要論下〉，《萬國公報》VIII: 360，冊三，頁135b-136b（1644-1646。
1875年11月	王煜初：〈勸捐文〉，《萬國公報》VIII: 362，冊三，頁166b-167a（1706-1707）。
1875年12月	王炳耀：〈答癡道人書〉，《萬國公報》VIII: 368，冊三，頁249b-252a（1870-1875）。
1876年1月	王煜初：〈續答癡道人書〉，《萬國公報》VIII: 369，冊三，頁264a-266a（1999-1903）。
1876年1月	王煜初：〈續答癡道人書〉，《萬國公報》VIII: 371，冊三，頁291b-293b（1954-1958）。
1876年2月	王炳耀：〈治道論〉，《萬國公報》IX: 403，冊五，頁40a-41b（2857-2860）。
1876年11月	王炳耀：〈互論時事〉，《萬國公報》IX: 415，冊五，頁208a-209a（3113-3115）。
1876年12月	王炳耀：〈互論時事後半〉，《萬國公報》IX: 416，冊五，頁223b-224b（3144-3146）。
1877年9月	王煜初：〈孝道折衷卷一〉，《萬國公報》X: 455，冊七，頁59a-60a（4067-4069）。
1877年9月	王煜初：〈續孝道折衷〉，《萬國公報》X: 456，冊七，頁73b-75b（4096-4100）。

1877年9月	王煜初：〈續孝道折衷〉，《萬國公報》X: 457，冊七，頁89b-90a（4128-4129）。
1877年10月	王煜初：〈續孝道折衷〉，《萬國公報》X: 458，冊七，頁101a-102a（4151-5153）。
1877年10月	王煜初：〈續孝道折衷〉，《萬國公報》X: 459，冊七，頁116b-118b（4182-4186）。
1877年10月	王煜初：〈續孝道折衷〉，《萬國公報》X: 460，冊七，頁130b-131b（4210-4212）。
1877年10月	王煜初：〈續孝道折衷〉，《萬國公報》X: 461，冊七，頁144b-145a（4238-4240）。
1877年11月	王煜初：〈續孝道折衷〉，《萬國公報》X: 462，冊七，頁159b-161a（4268-4271）。
1877年11月	王煜初：〈續孝道折衷〉，《萬國公報》X: 465，冊七，頁199a-201a（4347-4351）。
1877年12月	王煜初：〈續孝道折衷〉，《萬國公報》X: 466，冊七，頁213b-214b（4376-4378）。
1877年12月	王煜初：〈續孝道折衷〉，《萬國公報》X: 467，冊七，頁230a-231a（4409-4411）。
1877年12月	王煜初：〈續孝道折衷〉，《萬國公報》X: 468，冊七，頁258a-259b（4409-4411）。
1877年12月	王煜初：〈續孝道折衷〉，《萬國公報》X: 469，冊七，頁258a-259b（4465-4468）。
1877年12月	王煜初：〈續孝道折衷〉，《萬國公報》X: 470，冊七，頁271a-272b（4491-4494）。
1878年1月	王煜初：〈續孝道折衷〉，《萬國公報》X: 471，冊七，頁283a-284b（4515-4518）。
1878年1月	王煜初：〈續孝道折衷〉，《萬國公報》X: 472，冊七，頁299a-301a（4547-4551）。
1878年1月	王煜初：〈續孝道折衷〉，《萬國公報》X:，冊七，缺。
1878年5月	王炳耀：〈上陸佩牧師第一書〉，《萬國公報》X: 489，冊八，頁521a-521b（4941-4942）。

1892年3月	王煜初：〈議禁鴉片者行善勿怠力不中輟屆期可獲論〉，《萬國公報》IV: 38，冊二十，頁20a-22a（12677-12681）。
1892年7月	王炳耀：〈求議義一──傳教求議〉，《萬國公報》IV: 42，冊二十，頁7a-8b（12921-12924）。
1892年8月	王炳耀：〈求議義──祭親求議〉，《萬國公報》IV:43，冊二十，頁16b-18b（13008-13012）。
1894年4月	王煜初：〈諭禁鴉片〉，《萬國公報》VI: 63，冊二十二，頁13b-14a（14334-14335）。
1898年12月	王炳耀：〈說教雪〉，《萬國公報》X: 120，冊二十九，頁4b-5a（18202-18203）。
1884年	王煜初：〈覆指迷弼教論〉，載杜如鼎編：《釋疑彙編》，卷上（廣州市：真寶堂，1894年；臺北市：天糧館重印版，1975年），頁14a-17b。
1884年	王煜初：〈祭先揭義〉，載杜如鼎編：《釋疑彙編》，卷上（廣東：真寶堂，1894年；臺北市：天糧館重印版，1975年），頁18a-55b。
1895年	王煜初：《中日甲午戰輯》（香港：出版資料不詳，1895；臺北市：文海出版社重印版，1966年）。
1897年	王炳耀：《拼音字譜》（香港：出版資料不詳，1897；北京市：文字改革出版社重印版，1956年）。
1901年5月	王炳耀：〈上合肥傅相書〉，《萬國公報》XIII: 148，冊三十二，頁10a-11b（20139-20141）。
1901年6月	王炳耀：〈要政條陳十則上合肥傅相〉，《萬國公報》XIII: 149，冊三十二，頁9a-11b（20207-20211）。

出處：據張志偉：〈粵港名牧王煜初（1847-1902）研究〉（香港：香港中文大學歷史系畢業論文，1998-1999年）之參考書目，而略作補充訂正。

區鳳墀傳道
（1847-1914）

第四章
粵港倫敦傳道會傳道
──區鳳墀（1847-1914）

區鳳墀，本名逢時，廣東順德人。後因其父任官佛山，而寓居於此，早年治舉業，善於詞章之學，及長信教。[1]

一　信教與傳道

倫敦傳道會於中英鴉片戰爭（1839-1842）後，由於香港為英國所占領，該會傳教士理雅各，遂由馬六甲遷入香港，設傳道會總部及教堂於港島之中、上環。隨即進入廣東宣教，一八六四年差派華人傳道何雄斯、羅超揚至佛山開教，區氏由是得聞聖道，並得識該會近代中國第二位華人牧師何進善，區氏得讀何牧《馬太福音注譯》一書，而悟重生真道，遂決志受洗加入該會。此後不但領帶家人歸信，且協助該會傳教於佛山，佛山信徒由是漸多，始建新教堂於當地沐恩社，然於新堂落成之時，竟遭當地反教份子，破

1　區氏之生平與事功，早為教內外人士所關注，參〈區鳳墀先生〉，劉粵聲編：《香港基督教會史》（1941）（香港浸信教會，1996年，重印），頁317-319；馮自由：〈區鳳墀事略〉，《革命逸史》（臺北市：臺灣商務印書館，1969年，重印），第一集，頁19；查時傑：〈區鳳墀（1847-1914）：與國父「平生風誼兼師友」的傑出長老〉，《中國基督教人物小傳》（臺北市：中華福音神學出版社，1983年），上卷，頁45-48；李志剛：〈孫中山革命運動與老師區鳳墀長老之關係〉，林啟彥、李金強、鮑紹霖：《有志竟成──孫中山、辛亥革命與近代中國》（香港：香港中國近代史學會，2005年），下冊，頁640-655。然對區氏生平之撰著，當以其門人楊襄甫：〈區鳳墀先生傳〉一文最為詳盡，見區斯湛、區斯深編：《區鳳墀先生傳：追悼會彙錄》（香港：1914年），頁1-14。

門毀堂，飽受危難，然區氏信心益堅。[2]

時英國循道公會亦於佛山宣教，該會傳教士師多馬牧師（Thomas G. Selby, 1846-1910），延聘區氏為其中文導師，師牧博學多識，二人相得益彰，楊襄甫謂其二人「師牧師所求於先生者，四書五經之文字，先生所求於師牧師者，兩約聖經之奧理」[3]，由是對於聖經知識及神學，日見深進。[4]從而為倫敦傳道會丹拿牧師（Rev. Frederick S. Turner）所重，於一八六九年，邀其南下香港，至灣仔堂擔任傳道之職，牧養教會，是為區氏正式傳道之始。於香港任職傳道期間，與中外牧執，多所交往，「聖經之學益深」。然區氏為人素來嫉惡如仇，某次與欺凌會友之香港巡警發生衝突，故被調任，返回廣州。於第七甫、第八甫福音堂續任傳道，期間發生中法越南戰爭（1884-1885），廣東之法國天主教會，備受打擊，而廣州、佛山兩地之倫敦傳道會及循道公會之教堂亦受牽連，慘遭破壞。處此激烈反教時期，堪稱「戮辱交加」，然區氏則「堅忍以避其鋒」。[5]事平後，轉至廣州河南福場圍，繼續傳道事工。綜觀區氏任職倫敦傳道會傳道，前後二十一年（1869-1890），期間可見區氏於既有傳統學問之基礎上，勤於進德修業，不但掌握聖經、神學之學識，且始行研習西學，對於廣學會所出版之西方史地格致之學，所閱尤多，其中尤以《格物探源》一書，研讀至「韋編三絕」。又與教會中的西教士，如精通中國語文的湛約翰（John Chalmers, 1825-1899），撰寫香港史及研究客家、佛學之德裔歐德理（E. J. Eitel, 1838-1908）及該會廣州傳教士皮堯士牧師等

---

2 楊襄甫：〈區鳳墀先生傳〉，區斯湛、區斯深編：《區鳳墀先生傳：追悼會彙錄》（香港：1914年），頁3。

3 楊襄甫：〈區鳳墀先生傳〉，區斯湛、區斯深編：《區鳳墀先生傳：追悼會彙錄》（香港：1914年），頁4，師多馬牧師，為英國循道公會在佛山開教的奠基者，主張鄉村傳教，建立佛山聯區。參盧龍光、湯開建等：《苦難中成長的教會——英國循道公會佛山傳教發展史（1851-1949）》（香港：宗文社，2011年），頁51-69。

4 區逢時：〈上隨駐德國潘儀甫參使書〉，《萬國公報》，冊27，光緒廿三年八月（1897年9月），頁17113-17117，該文論耶穌立教大旨，可見區氏對耶穌生平及教義認識之深。

5 楊襄甫：〈區鳳墀先生傳〉，區斯湛、區斯深編：《區鳳墀先生傳：追悼會彙錄》（香港：1914年），頁4-5；並參徐映奇：〈中法戰爭時期廣東基督教教案與嶺南文化特性〉，《廣東省社會主義學報》第3期（2004年），頁74-77。

人，多所過從。故區氏遂見「能詩能文、熟聖經、擅口才……廣交遊」，由是成為學兼中西而具備革新思想之傳道者。時丹拿牧師等西牧，鑑於鴉片毒害華人身心，並影響教會傳教，早已成立禁毒社團，鼓吹禁毒，區氏及道濟會堂會牧王煜初亦為其中參與者，此其具有革新思想之明證。[6]

二　改革與革命

區氏於廣州擔任傳道之時，由於其任職博濟醫院之女婿尹文楷（1871-1927）之推介，得以認識就讀該院醫科之孫中山。據日後尹氏之記述，謂區、孫二人，一見如故，區氏並推許孫中山為大器之材，終非池中之物。而孫氏亦禮敬區氏，隨其學習，而視之為師，自此二人情同師友。稍後孫中山轉學香港倫敦傳道會主辦的香港西醫書院就讀及認識道濟會堂王煜初牧師，皆由區氏所促成。此外，據馮自由所說，孫中山將受洗時的「日新」署名，轉改「逸仙」，乃受區氏建議所致。日後孫中山以孫逸仙（Sun Yat-sen）英文姓名，馳名世界，即由此而起，孫、區之關係，於此亦可見一斑。[7]

一八九〇年，區鳳墀獲歐德理的推薦，決定前赴德國教授中文，離粵赴德，遂至柏林大學東方研究所任教，前後四年（1890-1894）。於教學之餘，習識德語，略能作簡單之日常應對。旅德期間，時主張禁毒之丹拿牧師，以遊說英國國會議員，支持禁煙作為活動目標。一八九一年，粵港教會人士上書英國國會，要求禁運鴉片至中國。區氏遂代表中國禁煙團體至倫敦請願，由此可見區氏對禁煙運動的支持。最後，尚須一提者，為區氏於柏林期間，目睹新興德國之政治廉潔，紀律嚴明，教育普及，且所任教的柏林大學，師

6　楊襄甫：〈區鳳墀先生傳〉，區斯湛、區斯深編：《區鳳墀先生傳：追悼會彙錄》（香港：1914年），頁5-6，皮堯士牧師評區鳳墀為「才具出眾，能力不凡」。

7　孫中山與區鳳墀結識，過去皆採用馮自由之說，乃於一八八三年孫氏南下香港入學，課餘拜區鳳墀為師，學習中文。見馮自由：〈區鳳墀事略〉，《革命逸史》（臺北市：臺灣商務印書館，1969年，重印），頁19。然尹文楷其後指出，孫、區二人，乃由其推介，於一八八六年相識於廣州，尹氏為區氏之女婿，其說較為可信，今採此說，參尹文楷：〈二十五年來之香港教會〉，《真光》第26卷第6號（1927年），頁7。

生熱切愛國，感觸尤多。故區氏改革中國的理念由是而生。[8]

區氏任滿後回國，重任傳道。此際之區氏，已具明確的改革思念，一方面針對中國國情，提出農業改良之主張。另一方面則提倡「國民主義」（共和），對於「實業教育，學校改良，軍旅道德，皆首先注重」。孫中山亦受其思想影響而許其為「諍友」。[9]

一八九五年區氏與孫中山共同組織農學會於廣州，倡導農業改良。該會宣言〈擬創立農學會書〉，即出於區氏之手筆。並以該會址作為發動一八九五乙未廣州一役之機關，可惜起義計劃外洩，兼且香港首義部隊，抵達廣州後譁變，以至首次起義流產，而以失敗告終。孫中山隨即逃離香港，流亡海外，而區氏亦從此南下香港定居，旋被好友香港華民政務司駱克（J. H. Stewart Lockhart, 1858-1937）聘任為該司之總文案一職，繼續支持革命，成為興中會之海外聯絡人，並與孫中山保持聯繫。一八九六年孫中山於倫敦蒙難獲釋後，首先致函區氏，說明其蒙難被救經歷與信德之關係，為孫中山革命與信仰關係之最重要文獻。[10]

---

8 楊襄甫：〈區鳳墀先生傳〉，區斯湛、區斯深編：《區鳳墀先生傳：追悼會彙錄》（香港：1914年），頁8-10；謂區氏於德國方言館任教習，然黃宇和據倫敦傳道會檔案，指區氏乃應柏林大學東方研究所所聘，月薪三百馬克，並謂由該會廣州站艾書拉（Ernst R. Eichler）傳教士推薦，此點恐誤，應為區德理推薦，見楊襄甫所記。參黃宇和：《孫中山與英國》（臺北市：臺灣學生書局，2005年），頁38-40。

9 楊襄甫：〈區鳳墀先生傳〉，區斯湛、區斯深編：《區鳳墀先生傳：追悼會彙錄》（香港：1914年），頁7。

10 馮自由：〈孫總理信奉耶穌之經過〉，《革命逸史》（臺北市：臺灣商務印書館，1969年，重印），第二集，頁17。孫氏於信中對區鳳墀說：「弟在牢中自分必死，一連六七日，日夜不絕祈禱，愈祈愈切，至第七日，心中忽然安慰，全無憂色，不期然而然，自云此祈禱有應，蒙神施恩矣……弟遭此大故，如蕩子還家，三羊復獲，此皆天父之大恩。」又區鳳墀在興中會時期參與革命，見李志剛：〈孫中山之革命運動與老師區鳳墀長老之關係〉，頁645-652。

三　晚年事奉

區鳳墀晚年在香港，除於華民政務司任職外，亦為道濟會堂長老，會牧王煜初及皮堯士牧師，均倚賴其為左右手，共同推進會務。又被香港青年會委任為華文總幹事；聖士提反女校漢文總教習。並出任九龍廣華醫院之監理，獻身教會與社會，由是名重香江。一九一四年四月十九日，區鳳墀因肝病逝世，遺有二子斯湛、斯深，均業西醫。三女靜懷、綺懷、雅懷。其中綺懷下嫁尹文楷，亦為香江名醫，一家俊彥。

黃乃裳傳道
（1849-1924）

第五章
福州美以美會傳道
——黃乃裳（1849-1924）

清廷於中英鴉片戰爭（1839-1842）後，開廣州、廈門、福州、寧波、上海五口通商，自此西力東漸。福州至一八四四年始行通市，至一八四七年始見美部會及美以美會派遣傳教士至福州開教，從而促成基督教之入傳福州。黃乃裳即於其時信教而成為美以美會傳道。由是得悉西學，繼而中舉，成為清季福建士紳，繼林旭（1854-1898）、嚴復（1854-1921）而為該省著名之維新人士。然卻少為學者所關注。筆者早於一九八一年注意黃氏之歷史角色[1]，繼而以「愛國基督徒」及「基督徒改革家」兩者，入手研究黃氏之生平與事功。黃乃裳之研究，由是大白。與此同時，相關黃氏之研究，亦隨之而起。[2]

一　信教與傳道

黃乃裳，福建閩清人，字紱丞，又字玖美，別號慕華。黃氏家世務農，少時半耕半讀。原屬美國衛理宗的美以美會（Methodist Episcopal Mission），於一八四七年派遣傳教士柯林（Judson D. Collins）及懷德（Moses White）夫婦來閩宣教，為該會來華宣教之始，遂於福州建立其傳教事業。[3]一八六

1　李金強：〈清季福州革命運動興起及其革命團體演進初探〉，《辛亥革命研討會論文集》（臺北市：中央研究院近代史研究所，1983年），頁94-96。

2　李金強：〈詹冠群：《黃乃裳傳》書評〉，《人文中國學報》第1期（1995年），頁257-264。

3　力士弢，漢如選譯：〈美以美會史〉，《神學誌》第10卷第3號（1924年），頁200-202；

四年該會熟悉閩語的傳教士薛承恩（Nathan Sites, 1830-1895），進入福州府屬各縣，開拓鄉村之宣教事工。至閩清，黃乃裳得聞聖道，並「慕其為人之藹然可親，肅然可敬……必往聆其言論……並玩索贈救世教書籍……始恍然悟，毅然從」。[4]遂於一八六六年「奉基督教為依歸」，受洗加入教會。一八六八年成為該會「勸士」（helper），追隨華牧許揚美，研習聖經及學習傳道，並取得「傳教」（Preacher）資格，至福州省城東街福音堂，擔任聖工，繼而隨許牧至閩江上游各地宣教，至一八七一年由於健康關係，重返福州。轉而擔任文字事工，協助翻譯聖經、教義、教會則例、聖徒傳記、天文學及歷史等，並且參與編輯教會報刊，種下其日後得以獨自辦報之經歷。[5]期間黃氏在學習傳道宣教、及文字事奉的過程中，不但吸收嶄新的西方宗教信仰與文化，並且面對其所生活的儒家義理涵濡的城鄉社會，生命思想逐漸產生變化，出現文化之覺醒，此即其革新思想的產生。一八七五年後黃氏先後撰文勸人種牛痘，主張婦女革除纏足，並創辦宗教保險會，協助教會內之貧窮信徒。與此同時，黃氏亦多參與教會學校的興辦。由是閱歷日廣，逐漸發現教會出身者，不受社會重視。此即他所說「夫流俗藐視宗教少文人學士與夫上流社會之人才」。蓋因中國傳統社會中，具有社會地位的士紳階層，皆出身於科舉考試，故此轉而注意傳統舉業，努力學習八股，竟然於一八七七年考獲生員資格，一八九四年鄉試中舉，成為福州之地方士紳。此一轉變，實為清季基督教史上未遑多見之罕例。處於社會領導層的黃氏，此後活動，漸見對教會疏遠，而對中國政治前途產生熱切的關懷。[6]

Ellsworth C. Carlson, *The Foochow Missionaries, 1847-1880* (Cambridge: Harvard University Press, 1974), pp. 171-173.

4 黃九美（乃裳）：〈薛牧師傳略〉，《萬國公報》25冊（1896年3月），頁15896-15897。

5 〈薛承恩〉，《福州美以美會年會史》（福州市：1936年），頁61-63；黃乃裳：〈紱丞七十自敘〉，劉子政編著：《黃乃裳與新福州》（新加坡：南洋學會，1979年），頁182。

6 李金強：〈基督教改革者——黃乃裳與清季改革運動〉，《書生報國——中國近代變革思想之源起》（福州市：福建教育出版社，2001年），頁88-93。

二　改革

福州自鴉片戰爭後，於一八四四年開為通商口岸，成為中外交涉不斷發生之地區。深受外力入侵之刺激，其中尤以中法越南戰爭（1884-1885），法國海軍入侵福州；至中日甲午戰爭、北洋艦隊於黃海為日本聯合艦隊所敗，時北洋艦隊成員，不少為出身福州船政學堂的閩籍人士。黃乃裳三弟乃模即為北洋艦隊「致遠號」槍炮二副，於黃海大戰中殉國，國仇家恨，交雜心中，至為傷痛。黃氏曾說：「夫外力之侵迫，國勢之孱弱……妄希有所效力於國家……。」[7]一八九五年黃氏於中舉後，前赴北京參加會試，時康有為於北京發起「公車上書」，聯絡各省應考士子，起而反對中日馬關和約，以及變法圖強。黃氏亦參與公車上書，成為康有為、梁啟超維新派之一員。及至會試落第，重返故里。遂創辦《福報》，為閩人自辦報章之始。起而鼓吹變法圖強，提倡西學，主張收回利權，發展工商業，以至建立英式之議會政治等。從而成為清季福建省除林旭（1875-1898）、嚴復（1854-1921）以外，另一位著名的改革家。[8]

一八九八年黃氏再次北上，至京再次參加會試。適值列強瓜分中國，劃分勢力範圍，國家處於危機狀態。時康有為亦赴京活動，一方面相繼上書光緒，要求變法；另一方面組織各省參加會試之「公車」，成立保國會，倡言保國、保種、保教，以及請求變法，是為戊戌百日維新之啟動。黃乃裳亦由此參加康、梁維新派之活動，及至會試失敗，繼續留京，目睹光緒決心變法，康、梁一派獲得光緒重用，至感興奮。然最終由於慈禧（1835-1908）反對，前後百日之變政，逆轉為政變，戊戌維新遂告流產。光緒被囚，維新派領袖康有為、梁啟超逃亡海外，而同鄉林旭被殺殉難，成為戊戌六君子之一。黃氏由於參加維新，亦傳將被查辦，遂倉惶離京，重返福州，稍後應其

7　〈紱丞七十自敘〉，劉子政編著：《黃乃裳與新福州》（新加坡：南洋學會，1979年），頁185。

8　李金強：〈基督教改革者——黃乃裳與清季改革運動〉，《書生報國——中國近代變革思想之源起》（福州市：福建教育出版社，2001年），頁93-100。

女婿，新加坡華人領袖林文慶（1896-1957）之邀，於一八九九年南下新加坡，主編《日新報》，藉此避免政治迫害，然卻為其人生另開一新階段。[9]

南下新加坡之黃乃裳，與其女婿林文慶（1868-1957）、鄉試同年之新加坡富商邱菽園（1874-1941），均支持逃亡海外的康有為、梁啟超的保皇運動，而黃乃裳負責主編之《日新報》，即為保皇黨於海外倡議救亡、維新及保皇的喉舌。時黃氏於《日新報》，先後發表政論，心懷祖國，因應南洋時勢，呼籲當地華人團結，並提出注重商業教育，軍事變革，以至殖民南洋等建言。期盼南洋華人厚植實力，以備日後報效祖國，「建出非常之業，而恢復五千年歷掌之河山」。黃氏此番言論，無疑為近世南洋華人民族主義的源起，殊堪注意。[10]

三　砂拉越殖墾及投身革命

黃氏寓居南洋期間，得悉婆羅州西北部之砂拉越，實施開放土地的移民政策，尤其歡迎華人。遂於一九〇〇至一九〇二年間，經親至當地考察後，遂策動福州府屬農民，而以美以美會信徒為主，計共一千一百餘人，先後共分三批移民，至砂拉越之詩巫（Sibu）開墾，建立「新福州」之墾場，為近世我國基督徒集體移民南洋之重要史例。[11]

然黃氏之詩巫移墾，最終未能成功，於一九〇四年，被砂拉越王將其廹退，重返新加坡。其移墾理想及事業，遂告中途而廢，深受挫折。前此南下新埠之初，曾與革命領袖孫中山會晤，對其關心民瘼、倡導革命，深表信服。至新埠，又與具有革命思想的張永福及陳楚楠相過從，逐漸產生反滿之

---

9 李金強：〈清季愛國基督徒黃乃裳之研究〉，《近代中國歷史人物論文集》（臺北市：中央研究院近代史研究所，1993年），頁815-818。

10 李金強：〈從祖國到南洋——清季美以美會黃乃裳革命思想之起源〉，《聖道東來——中國近代基督教史之研究》（臺北市：宇宙光，2006年），頁119-124、132。

11 李金強：〈從祖國到南洋——清季美以美會黃乃裳革命思想之起源〉，《聖道東來——中國近代基督教史之研究》（臺北市：宇宙光，2006年），頁137-144。

革命情志。其時清季革命運動重心，逐漸南移新加坡，終於一九〇六年加入新加坡同盟會分會。其間黃氏先後於南洋、上海、福州、廈門、漳州、潮汕一帶，鼓吹革命，並參與策動一九〇七年潮汕黃岡之役。及至一九一一年武昌起義，各省相繼宣告獨立，福建亦不例外，黃氏遂鼓動福州教會學校，組織學生炸彈隊，參與福州光復戰役，終於促成福建省之光復。黃氏並出任臨時軍政府之交通部部長，於清季福建革命運動，扮演重要角色。[12]

四　結論

綜觀黃乃裳一生，出身農家，青年時信教，成為美以美會的傳道，其後參加科舉考試，獲中舉人，成為閩中士紳。此後開始關心國事，先後參與維新、保皇及革命運動，而更值得注意者，為策動福州農民信徒，移殖砂拉越，為近世華人信徒移民海外之先聲，其一生堪稱多姿多采，實為一具有傳奇色彩的基督徒改革家、革命家。

12 李金強：〈密謀革命——1911年福建革命黨人及其活動之探析〉，《區域研究——清代福建史論》（香港：香港教育圖書公司，1996年），頁264-274。

林之純牧師祖孫三代

左起：志仁（子）、崇敬（孫）及林之純牧師

第六章

近代潮汕教牧的興起

——林之純牧師（1886-1980）的生平及著述

基督教入華，自十九世紀至二十世紀間，其發展方向，漸由歐美傳教士入華建立傳教事業，轉為在華基督教本土化的重大變化。就此而言，此乃隨著清季民國的內憂外患，導致民族主義日漸滋長，從而促成基督教自立及本土化的成長。[1]其具體表徵，則為華人教牧、信徒群體的興起，中華神學的出現，而教會則以自養、自治、自傳為其發展目標，中華基督教亦由此而生。上述中華基督教所出現的變化及特徵，早已為教內外學者關注[2]，本文即就此論述潮汕教會名牧林之純之生平及其著述，藉此為近代中國基督教本土化提供一項個案。全文分別就潮汕長老會的自立，林牧之生平及其著述三方面作出說明。[3]

1　論者謂來華傳教士實為中國教會自立及本土化之推手，參吳義雄：〈自立與本色化：19世紀末20世紀初基督教對華傳教策略之轉變〉，《開端與進展——華南近代基督教史論集》（臺北市：宇宙光，2006年），頁173-191。

2　華人教牧、信徒興起，可參查時傑：《中國基督教人物小傳》（臺北市：中華福音神學院出版社，1983年）一書，內收四十位著名教牧、信徒之生平與研究資料；又參Carol Lee Hamrin and Stacey Bieler, eds., *Salt and Light: Lives of Faith that Shaped Modern China* (Eugene, Oregon: Pickwick Publications, 2009-2010), 2 vols.; 並見Peter Tsz Ming Ng對本書之書評，《近代中國基督教史研究集刊》第9期（2012年），頁148-152；而二十世紀中華神學之奠基，可參林榮洪：《中華神學五十年1900-1949》（香港：中國神學研究院，1998年）一書；關於中國教會的自立及本土化，可參李金強：〈現代化與自立——華南基督教史研究〉；R.G. Tiedemann, "The Localization of Christianity in North China," 見黃文江、郭偉聯、劉義章主編：《法流十道——近代中國基督教區域史研究》（香港：建道神學院，2013年），頁XXIII-XIVIII.

3　近代潮汕教會史之發展及其研究，參Joseph Tse-Hei Lee, "From Missionalization to

一　潮汕長老會的建立與自立

潮汕地區的開教，始於近代中國教會史上的預備時期（1807-1860），由原籍德國，隸屬荷蘭傳道會（Netherlands Missionary Society）的傳教士郭士立首開其先。郭氏於一八二八年東來傳教，先於南洋一帶遊行宣教；繼而乘船遊歷中國沿海、韓國、日本、琉球等地，於一八三一至一八三三年間，兩度踏足潮汕外海之南澳島，從此視潮汕為其開教之工場，並呼籲西方教會來華宣教。鴉片戰爭後出任英占香港的撫華道（Chinese Secretary）官職，至一八四四年於公餘創設福漢會（The Chinese Union），起用華人為佈道員，進入內地宣教，其中尤重「福潮弟兄」，相繼被郭氏起用，並差派進入潮汕宣教。[4]

一八四七年歐陸信義宗差會——巴色會（Basel Mission）即在郭氏呼召下，終於差派韓山明（Theodore Hamberg, 1819-1854）及黎力基（Rudolph Lechler, 1824-1908）二人東來傳教。其中黎力基在郭氏建議下，學習潮語。並於翌年，親至潮汕傳教，前後四年（1848-1852），於潮汕巡迴傳教。其初，至海澄縣鹽灶鄉，以福音吸納十三名信徒，其中以林旗（1820-1891）最為著稱，信守聖道，為潮汕播下的福音種子，由是被視為「入潮傳教開山祖」。[5]隨之而至者為英國長老會的賓為鄰（William Chalmer Burns, 1815-

---

Indigenization: The Christian Century of Chaozhou"; 聶利：〈潮汕基督教研究現狀述評〉，邢福增、李凌翰主編：《潮汕社會與基督教史論》（汕頭市：汕頭大學出版社，2012年），頁10-39。

4　郭士立至潮汕外島南澳，見Charles Gutzlaff, *Journal of Three Voyages Along the Coast of China in 1831, 1832, 1833* (London: Frederick Westley and A. H. Oasis, 1834), pp. 85-92, 168-169. Jessie G. Lutz and R. Ray Lutz, "Karl Gützlaff's Approach to Indigenization: the Chinese Union," in Daniel H. Bays ed., *Christianity in China: From the Eighteenth Century to the Present* (Stanford: Stanford University Press, 1996), pp. 269-291；蘇精：〈郭士立及其他傳教士的緊張關係〉，《上帝的人馬——十九世紀在華教士的作為》（香港：基督教中國宗教文化研究社，2006年），頁33-71。

5　鍾清源：〈黎牧師力基行述〉，《萬國公報》第69卷（1894年），頁14729-14733；〈鹽灶教會百年史略〉，汕頭市檔案館，民國資料12-11-14；李志剛：〈黎力基入潮播道及林旗族人的傳承〉，邢福增、李凌翰主編：《潮汕社會與基督教史論》（汕頭市：汕頭大學出版

1868）及日後內地會的創立者戴德生，兩人亦受郭氏影響，於一八五六年聯袂由上海至潮汕宣教。稍後戴德生重返上海，而由賓牧獨力在潮宣教，得鹽灶鄉之林旗、美北浸會華人助手陳孫、李員之助，藉醫療傳教，為英國長老會在潮汕差傳舖路。[6]及至二次鴉片戰爭（1858-1860），清廷戰敗後，遂開汕頭為通商口岸，且准允內地傳教，至此基督教在華宣教，遂見新契機。該會繼任者施饒理（George Smith, 1833-1891）、吳威凜（William Gauld）、金護爾（H. L. Mackenize, 1833-1889）、汲約翰（John Campbell Gilson, 1849-1919）等相繼前來潮汕，努力宣教。始建會堂於汕頭庵埠路頭，並獲首位信徒陳樹銓受洗入教。遂於汕頭建立傳教站，繼而進入內陸傳教，信教者日增，該會遂以汕頭為其教區中心，逐漸拓展教務至潮、惠。先後於潮州府城、黃岡、揭陽、棉湖、潮陽、河婆、五雲洞、河田、五經富等地建立教會，確立英國長老會在潮汕的傳教事業。[7]

英國長老會在潮汕之發展，至一八八一年由中外教牧召開會議，成立潮惠長老大會，會堂計共二十三，受洗教友七百餘人，幼童受洗百餘人，始行自立。至一九〇〇年改為潮惠長老總會，下設汕頭及五經富兩大會，分掌

社，2012年），頁65-76。林旗二子林芳，亦為潮汕長老會名牧，林氏一族相繼事奉教會，成為基督教世家。

6 李金強：〈基督教入華的預備時期——以潮汕開教為例〉，李金強、吳梓明、邢福增主編：《自西徂東——基督教來華二百年論集》（香港：基督教文藝出版社，2009年），頁193-205。潮汕開教尚有美北浸信會一支，該會早於泰國曼谷對潮僑傳教，至鴉片戰爭後，由粦為仁（William Dean, 1807-1895）、約翰生（John W. Johnson）等傳教士，透過曼谷、香港、潮汕此一跨國網絡，成功至潮汕開教，由此可見，歐美之各大宗派相繼在潮汕宣教，堪稱為近代中國基督教史預備時期之重要事例；並參李樹熙：〈19世紀中期（1835-1860）華人浸信會教民的曼谷——香港——潮州跨國網絡〉，《東南學術》第1期（2002年），頁42-49；美北浸信會來華傳教之三名華人助手陳孫、陳兌、李員之生平研究，見Ellen Xiang-yu Cai, "The Itinerant Preaching of Three Hoklo Evanglists in Mid-19th Century Hong Kong," *International Journal on the History of European Expansion and Global Interaction*, no. 3 (2009), pp. 113-134.

7 陳澤霖：〈基督教長老會在潮汕〉，《廣東文史資料》第8輯（1963年），頁56-60；胡衛清：〈近代潮汕地區基督教傳播的初探〉，《潮學研究》第9期（2001年），頁148-174。

潮、客兩語之會眾，此即劉澤榮所說：「一九〇〇年始分為兩大會，曰汕頭大會，以統理沿海操潮音之堂會；曰五經富大會，以統理內地操客音之會堂，而另立潮惠總會以統攝之。」會堂增至一百二十九所，潔名成人共五千七百人，幼童受洗三九一〇人，前後十九年間，增加十二倍。故謂：「主恩丕降，誠有出乎人之所求所思者。」[8]至一九二七年，隨著在華英、美、加長老會之「合一運動」，成立總會，繼又與公理會、倫敦傳道會聯合，成立中華基督教會，並將潮惠地區劃屬中華基督教會嶺東大會，下設汕頭中會及五經富中會。[9]而該會於潮汕之傳教事業遂得以成長，此乃傳道、濟貧之外，並透過教育、醫療、出版之間接傳教，吸納信徒，有以致之。

就教育傳道而言，一八七一年成立聖道書院（Swatow Theological College），培訓傳道人，至一八八八年由於貝理夫人（Mrs. Barbour）奉獻建校，改稱貝理書院（神學院）（Barbour College），成為嶺東教牧傳道之搖籃。又開辦淑德女校（1873）、聿懷中學（1877）、華英中學，後者以英文教學，為汕頭名校。此外，江克禮牧師（Rev. A. Guthrie Gamble）於汕頭錫安堂高級小學，開辦童子軍部（1915），以體操、兵操、野外技能訓練學生，作為課外活動教育，尤具意義。至於五經富則設有觀豐神學院（1879）、道濟中學（1884）、五育女子高級小學（1885），亦設童子軍部（1917）。就醫療傳道而言，一八六三年醫療傳教士吳威凜於汕頭開設醫院，為日後著稱當地福音醫院之始，該院於民國時期由醫師萊愛力（Alexander Lyall）及懷敦幹（George Duncan Whyte, 1879-1923）二人主其事。至於出版方面，一八八〇年，於汕頭開設鴻雪軒印書館（Mission Printing Press），出版聖經、宣教冊子及教會月報，藉文字傳道。

該會遂透過上述傳教事業，向潮、惠城鄉地區傳教；提供濟貧、醫療、教育，藉此吸納信徒[10]，由沿海潮屬地區轉入內地客屬地區，城鄉基層信徒

---

8 引文見劉澤榮：〈汕頭長老會〉，《中華基督教會年鑑》（1916年），頁32-33。

9 張葆初：〈長老宗略史與其合一運動〉，《中華基督教會年鑑》（1925年），頁49-50。

10 劉澤榮：〈汕頭長老會〉，《中華基督教會年鑑》（1916年），頁33；陳澤霖：〈基督教長老會在潮汕〉，《廣東文史資料》第8輯（1963年），頁54-64、73-74；並參陳希賢長老摘

日增[11]，教堂日多，並逐漸走上自立之地步。

就潮汕長老會的自立而言，始於一八八一年潮惠長老大會。於成會之時，首倡教會自立，訂定「自養、自管（治）、自播（傳）」的原則。其間自立之關鍵在於「各事歸本地任職之人」。至一九〇〇年成立潮惠長老總會，下設汕頭及五經富二會，然該會傳教士仍在會議中居主導地位。直至二十世紀二十年代後期，始見、中英教牧輪流掌政，而該會的人事權及財權，逐漸移交華人教牧手中。本土華人教牧，才見進入該會之權力核心，此即潮汕長老會華人教牧之興起。[12]就此而論，該會於一八八二年按立首位華牧陳樹銓（原名開霖）[13]，相繼按立林芳[14]、彭文山（字啟峰）。[15]陳牧被譽為該會在潮汕的「臺柱」，而林牧為「重要角色」，彭牧則被推為「最有力的臺柱」。

譯：〈福音入潮簡介〉，《慶祝福音傳入潮汕125週年紀念特刊》（香港：1972年），頁5-8。該會醫療、教育的創辦及影響，參陳占山：〈西方教會於晚清民國時期在潮汕的醫療慈善活動與影響〉，杜式敏：〈近代汕頭基督教會女校研究——以淑德女校為例〉，邢福增、李凌翰主編：《潮汕教會與基督教史編》（汕頭市：汕頭大學出版社，2012年），頁82-87、89-91、93-102。

11 胡衛清、姚倩璞：〈聖俗之間：近代潮汕地區的基督徒與教會〉，《韓山師範學院學報》第4期（2001年），頁14-22。該文探討潮汕教徒入教及信仰之掙扎，透過潮惠長老會大會紀事冊，說明潮汕基層信徒信教，遭遇禁革（禁領聖餐，革出教門）及備受鄉俗之社會壓力。

12 胡衛清：〈近代教會歷史模式的構建：以潮惠長老會為個案〉，《晉陽學刊》第1期（2012年），頁80-83。胡氏於文中指出此後潮汕長老會的堂會史文本，多以本土教牧、堂會職員和重要信徒為中心敘述，以此證明潮汕教會的本土化。

13 陳牧為當地軍官之子，頗有學識，為施饒理於潮汕宣教時，首先入教信徒，被譽為「潮惠長老會之初客」，見陳澤霖：〈基督教長老會在潮汕〉，《廣東文史資料》第8輯（1963年），頁56。

14 林芳為鹽灶鄉林旗之二子，畢業於貝理神學院，歷任揭陽教會牧職，建樹良多，為該會第二位本土牧師。日後且出任汕頭區會及嶺東大會會長之職。見胡衛清：〈近代教會歷史模式的構建：以潮惠長老會為個案〉，《晉陽學刊》第1期（2012年），頁83。

15 彭牧自幼聰慧，有神童之稱，受教於巴色會，至汕頭貝理神學院任助理，棉湖等會之牧職，後於五經富豐觀神學院執教，參與翻譯新約，並出任全國長老會聯會會正。〈彭文山〉，《中華基督教會年鑑》第4卷（1917年），頁216-227。

此外，尚有饒平浮山劉澤榮（1866-1943），亦為其時著名教牧。[16]有堂有牧，是為潮汕長老會自立的起步。一九一二年以降，該會推行透過「自養」達成自立之目標，並於一九二九至一九三七年間，傳教士逐漸將其管治權移交華人教牧手上。如徐騰輝出任貝理神學院院長、林之純任汕頭區會幹事、鄭少懷任五經富區會幹事。一九三四年該會信徒多達一萬人以上。一九四八年嶺東大會所屬堂會一百一十二個，其中完全自養的達二十二個，部份自養的堂會為九十個。[17]英國長老會為來華各國差會中，首倡華人教會自立者，早於一八六二年已在閩南會堂中推行自養，按立華牧作為閩南長老會自立的起步[18]，繼而積極推動潮汕地區之自立，為來華宣教中最重自立的差會，可見潮汕長老會的自立，其來有自。而林之純即為二十世紀潮汕長老會自立過程中的著名華牧，故以其為研究對象，以下首論其生平。

二　生平

林牧原籍澄海縣鹽灶鄉，其父林文和為伯特利堂長老。十二歲隨父移居汕頭市，林牧先後於汕頭錫安堂小學、聿懷中學就讀。十八歲受聖靈感動，加入教會，勤誦聖經。二十一歲娶揭陽許慕德為妻，繼而決志奉獻，入讀貝理神學院，於揭陽世光堂任小學教員，並實習傳道。畢業後，派任汕頭錫安堂小學教員，並於汕頭錫安堂及崎碌區之伯特利堂任傳道，在職期間，修畢嶺東大會進名課程。又加入江克禮（A. Guthrie Gamble）創辦之童子軍部，創設童子軍，參與救傷、救災之社會服務，林牧備受嘉許。一九二七年，被聘任為汕頭區會執行幹事，並被按立為區會牧師，負責區會行政及各堂會事

---

16 劉牧被按立為鹽灶堂牧師，其後任教貝理神學院，歷任區會會長。參劉詒恢：〈「劉氏家譜」校點──潮汕基督教本土化史料舉隅〉，《汕頭大學學報（人文社會科學報）》第10卷增刊（2003年），頁114-117。

17 劉澤榮：〈汕頭長老會〉，《中華基督教會年鑑》（1916年），頁33；陳澤霖：〈基督教長老會在潮汕〉，《廣東文史資料》第8輯（1963年），頁54-64。

18 姜嘉榮：〈近代中國自立與合一運動之始源：閩南教會〉，《近代中國基督教史研究集刊》第5期（2002/2003年）頁5-10、13-14。

務，經常巡視及協助嶺東區八十八所堂會，主持聖禮事工。並將八十八所堂會，劃分為十八組，成立十八個堂聯會，促進堂會聯合事工。一九三七年抗戰前夕，潮汕教會為紀念賓為鄰入潮宣教八十週年，由林牧建議於汕頭興建三牧樓，作為區會新辦事處，藉以紀念該會傳教士賓為鄰、汲約翰（John Campbell Gibson, 1849-1919）及華牧侯乙初三人。及至抗戰，巡迴潮汕各地教會，主持各教會事工，兼顧戰時各地救濟，訪慰教友，並於戰後主持復員，處理教產，遂成為潮汕一地之名牧。一九五一年退休，南寓香港，協助本港各潮語教會的發展。[19]

事實上，林牧與本港潮語教會，關係至深。原來香港之潮語教會，早於一八四三年由曼谷東來之美北浸信會傳教士粦為仁於港島成立香港潮語教會，並於九龍、長洲島及坪洲島，開設三個支站，繼有同會約翰生夫婦（John W. John and Lumina Wakker）接手管理。及至二次鴉片戰爭後，由於汕頭開埠，約翰生遂終止香港的潮語事工，「進軍」潮汕，終於建立美北浸信會在潮汕的傳教事業。[20]故潮汕一地的基督教，即以英國長老會及美北浸信會兩會為主。然至一九〇九年潮汕長老會醫療傳教士懷敦幹（George Duncan Whyte, 1879-1923）回英述職完婚，途經香港之時，鼓勵旅港從事抽

---

19 林牧生平及活動之敘述，主要見於〈林之純牧師史略〉，《林之純牧師長禮儀節》（香港：香港基督教尖沙咀潮人生命堂，1980年）；林之純：〈序〉，《林之純牧師講道集》；〈汕頭區會史略〉，藏汕頭檔案館，〈敵偽政治檔案卷：偽中華基督教會嶺東大會〉，12-11-14；Edward Band, *Working His Purpose Out, The History of the English Presbyterian Mission, 1847-1947* (Taipei: Ch'ing Wen reprinted, 1972), pp. 442, 450-454.侯乙初原為汕頭新墟堂長老，於一九〇一年獲潮惠長老大會接納進名，又任職聿懷中學。退休後從商，捐助三老樓一層之建築費，故加其名。

20 邢福增：〈香港開埠初期的潮語教會（1842-1860）〉，邢福增、李凌翰主編：《潮汕教督教史論》，頁170-184；蔡香玉：〈評「福源潮汕澤香江：基督教潮人生命堂百年史述1909-2009」〉，《近代中國基督教史集刊》第9期（2012年），頁101-103。蔡氏在荷蘭發現約翰生夫人書信，遂得悉其生平，夫人原名露明娜（Lumina Wakler），一八五一年隨郭士立至香港宣教，下嫁約翰生，改宗浸信會，隨約牧至汕頭建立美北浸信會宣教事業，及約牧逝世，返回荷蘭。稍後回港，促成堅道香港浸信教會的誕生，殊值注意；並參李金強：《自立與關懷：香港浸信教會百年史1901-2001》（香港：商務印書館，2002年），頁20-26。

紗貿易的長老會潮籍會友，成立潮人教會，又因廈門同會信徒之加入，遂改稱為「香港汕廈堂會」。該會後因一九一四年歐戰爆發，香港百業蕭條，會友相繼返回潮汕，終止聚會。歐戰結束後，昔日會友又捲土重來，在港繼續營業，時林牧於一九二三年因公訪港，發現潮汕信徒「如羊無牧」。遂呼籲在港潮汕抽紗業信徒重組教會，是為旅港潮人中華基督教會之創立，此即日後香港基督教潮人生命堂之源起，林牧被聘出任該會攝理牧師。及至一九四九年由於內戰，政權易手，潮汕長老會及浸信會會友相繼南移香港，促成該會之壯大，成為本港著名的方言教會。至五十年代，林牧亦離汕南下香江，參與潮人生命堂事工，更致力於扶掖本港弱小教會，支持其創立及發展，包括宗聖堂、藍地福音堂、嶺東堂等。從而成為香港潮語教會的元老牧師。林牧於九十一歲時，香港之基督教福音聯合會宗聖堂為其賀壽，助其出版講道集，成為其生平之唯一出版著述。由此可見林牧為二十世紀潮汕教會，備受尊重的華牧，此為研究潮汕教會史者，不容忽略。[21]

三 著作

就林牧之著述而言，主要共分兩方面。此即前此牧會講道，結集而成之講道集，以及相關潮汕長老會及香港潮人生命堂的史述。後者乃因其參與教會事工，遂得以「歷史見證人」角色，起而撰史，為近代潮汕基督教會史，留下重要的記錄及教會見證。首述其講道集。

林牧之講道集，計收講章七十篇，皆以經釋訓，講章言簡意賅，頗多發人深省之處。然由於林牧大半生服務於潮汕長老會，故講章文本，除顯示出對基督教教義的嫻熟，及借聖經教導、勉勵信眾外；更於講道集中，得見林牧自我生平之回顧，及其對潮汕教會發展特質之體認，分述如下：

其一，生平回顧。林牧生平著述不多，亦未嘗撰寫回憶錄，然講道集卻具有小段生平之回顧。他說：「在幼年和童年多病之我，竟得生命留存至

21 參李金強、陳潔光、楊昱昇：《福源潮汕澤香江：基督教潮人生命堂百年史述1909-2009》，頁51-58。

今……得教會不棄，給我主持高小學校十八載；任嶺東大會和汕頭區會幹事卅二載；退休來港，又蒙同道同工教會，以物質精神支援，較可貴的有時間傳福音，雖云益人，實際益己……。」[22]乃其回顧一生感謝神恩的難得自我表白。

其二，潮汕長老教會之發展特質，從其講章文本中，提供下列各點。

（1）英國長老會來華傳教策略——乃「開禮拜堂、傳福音、救人靈魂；……開學校、開通民智；……開醫院、行西醫、補中醫不足、健康人身體；……創福利、改良風俗。」[23]在開禮拜堂前「派員到各處賣書佈道開荒，稍在人有傾向時則開堂，日夕宣傳及主日崇拜。」[24]開學校包括主日辦主日學，晚堂查經；以及開辦小學、中學、神學等教會學校，並教科學，開通人智，從而感動學生信主。[25]就辦醫院而言，以汕頭福音醫院最為著稱。該院之醫療傳教士，更日夜為汕頭病人服務，彰顯基督之愛。又「除施醫施藥外，亦施米」，且每日早晚均有聚會，亦有專人上下午於病牀佈道或讀經。[26]病人因感動而信，信徒增加，促成潮汕一地教堂的相繼開設。[27]就創福利而言，救苦救難，改良風俗，甚而為服事人民、服事地方而自我犧牲。[28]其中女傳教士挪姑娘（Sophia A. Norwood）教導潮汕女信徒抽紗技藝，改善本地信徒生活，抽紗日後遂成為潮汕主要出口商品，從而促成潮汕長老會產生一批抽紗業商人信徒，最具特色。[29]就此而論，林牧指出「潮汕教會百年間，

22 〈感謝懺悔警惕（勉勵）〉，《林之純牧師講道集》，頁113。

23 〈聖經中服事的教訓〉，同上註，頁29。

24 〈主役人之工具〉，〈教會的使命〉，〈服事〉，同上註，頁49、60-61、93。

25 〈主役人之工具〉，〈服事〉，同上註，頁49，93。

26 〈主役人之工具〉，〈畢士大池的耶穌〉，同上註，頁50、127；該會之醫療傳教及福音醫院之成立，參李金強、陳潔光、楊昱昇：《福源潮汕澤香江：基督教潮人生命堂百年史述，1909-2009》，頁18-19。

27 〈主役人之工具〉，〈教會的使命〉，同上註，頁50、60。

28 〈服事〉，同上註，頁93。

29 李金強、陳潔光、楊昱昇，同前註，頁50-51。又挪姑娘原為美北浸信會女傳教士，日後下嫁英國長會老醫療傳教士萊愛力（Alexander Lyall），故又被稱為萊醫生娘。又參蔡香玉：《晚清民國潮汕地區基督宗教女性研究》（廣州市：中山大學博士論文，2011

創堂八十八堂，半數人自以教會中有售抽紗商，及其他再有在福音醫院畢業，在地方作醫生，有經濟力而願奉獻所致也。」對於潮汕長老教會的成長因由，堪稱一針見血。[30]

（2）傳道對象及方法——乃鼓勵以家人為傳道對象，林牧謂「必須向家人親屬見證，才不負主命。」[31]又謂信徒得救後的職責是向人「傳福音，教之讀經，引之到堂崇拜，教之祈禱」。[32]並提出傳道，除以言語解說道理，吸引信眾，但更重要為探訪，使「信徒彼此互相瞭解」，是「益人而且益己、益會」。[33]使福音收效。香港潮人生命堂創會之初，即以家人為傳道對象，並且重視家訪，以及聯家聚會，促成該會之興起，堪稱其來有自。[34]

（3）本色化——二十世紀上半葉，在非基運動的風潮刺激下，在華基督教會起而強調「本色化」，而天主教會亦力主「中國化」，倡導基督宗教與中國文化相遇合，此為在華基督宗教之發展提供路向。[35]在此一背景下，林牧講章文本亦流露出「本色化」的氣息。如以孔子「日日新，又日新，作新民」來解釋信徒的重生得救。[36]以《孝經》所記，勉勵信徒孝順父母，並認

年），頁140-166。萊愛力夫人，向被視為將墨西哥抽紗技術傳入潮汕的先驅。然據蔡氏的研究，萊夫人婚前原屬美北浸信會，與該會耶琳師母（Mrs. W. Ashmore Jr.）同在汕頭礐石教堂宣教，並傳授抽紗技術於女信徒。然此一技術實始於耶琳師母，因其原籍加州之Santa Ana，地近墨西哥，故習得此技。而挪姑娘則原籍英屬加拿大，遠離墨西哥，乃向耶琳師母學得此技，於婚後加入英國長老會，繼而傳授英會女信徒。

30 〈主役人之工具〉，同前註，頁50。

31 〈見證〉，同上註，頁26。

32 〈全家歸主〉，同上註，頁6-7。

33 〈聖經中服事的教訓〉，〈服事〉，同上註，頁30、94。

34 李金強：〈同鄉、同業、同信仰——旅港潮人中華基督教會為個案之研究1923-1938〉，吳義雄編：《地方社會文化與近代中西文化交流》（上海市：人民出版社，2010年），頁240-242。

35 林榮洪：《中華神學五十年：1900-1949》，同前註，頁297-318；張西平、卓新平：〈交融與會通（代序）〉，《本色之探——20世紀中國基督教文化學術論集》（北京市：中國廣播電臺出版社，1999年），頁13-24。

36 〈葡萄樹〉，《林之純牧師講道集》，頁46。

為孝親乃我國民風之優美者，[37]又闡明我國傳統風俗之可貴，如農曆除夕風俗乃除舊更新，此一國粹美俗，亦應遵守與提倡。[38]而更重要則指出基於中國傳統文化，「中國是文化之邦，是信有神之國」，引古語謂「舉頭三尺有神明」，「齋戒沐浴以事上帝」，「祭神如神在」，說明中國文化具有信神之觀念。[39]二十世紀中國基督教之本色化，在林牧講道集之文本已見端倪。

其次，林牧之教會史著述，主要為潮汕長老會及香港潮人生命堂的史述。此與林牧參與潮汕及香港兩地教會事工，具有密切關係。原來林牧自一九二七年出任汕頭區會執行幹事以來，巡迴潮汕各地教會，負責執行及推動教務。此外，又於一九二三年南下香港，因鼓勵旅港潮籍抽紗信徒，重新組織教會，促成旅港潮人中華基督教會的誕生，繼而出任該會攝理牧師之職。由此可見，林牧透過其對潮、港兩地潮人教會之參與，自然對兩地教會之活動瞭如指掌，且任區會幹事時，先後撰寫該會之〈近訊〉、〈近事〉、〈輯要〉、〈教會概況〉、〈近事紀要〉等報告，交代區會及各堂會的事工，遂成為該會歷史發展的記錄者及見證人。[40]及至基督教入潮百年之際，林牧遂起而撰史。於一九五〇年撰寫《中華基督教會伍拾年史略》，主要記述一九〇〇至一九五〇年間汕頭區會發展的歷史，並以本土教會領袖為敘述主線，表現本土教會的主體性。[41]及至南下香港，首撰〈汕頭區會五十年大事記〉，分年分月分條，記述汕頭區會重要事工之「流水帳」。以一九〇〇年五月四日汕頭區會於汕頭成立起記述，現將其所記關於潮汕教會本土化事件，摘述如下。該大事記首先說明區會負責「審核各堂進支，議錄，指導各堂之呈報，建議，禁革，議決，政工，頒佈各堂」之職責，同時指出其時教會才、財掌握於由傳教士組成駐汕教士會之手中。至一九〇七年汕頭教士會，始將財、

---

37 〈教親〉，〈孝敬父母〉，同上註，頁78-79、142-144。

38 〈去舊更新〉，同上註，頁66。

39 〈有神〉，同上註，頁141-142。

40 見《中華基督教會全國總會公報》，1930年2卷至1933年5卷，刊於《大成老舊刊全文數據庫》，222.dachengdata.com。

41 林牧此一《史略》，藏於上海市檔案館：U102-0-56，見胡衛清：〈教會譜系：潮惠長老會的歷史書寫〉（未刊手稿），頁6。

才二者之資源，移交區會；一九一〇年上海余慈度（1873-1931）南下與五經富區會彭啟峰牧師，合開奮興會；一九一三年汕頭教士會，促教會實現三自；一九一三年汕頭成立童子軍；一九二五年聘請徐騰輝為區會牧師；一九二六年汕頭教士會移交教育權；區會並在成立「三自委員會」，分區督促；一九二七年改名中華基督教會汕頭區會，聘林之純為幹事；一九二八年任陳澤霖為聿懷中學校長；一九二九年任徐騰輝為院長；一九三七年建三牧樓，用作大會、區會辦公及各等集會，和教會職員來汕辦公之臨時宿舍；一九四一年區會將所屬八十八堂會，分為十八個聯堂；一九四九年十月二日，開福音入潮百年紀念大會，由各堂自行開會紀念，鹽灶堂則建百年紀念樓一座，以資紀念；一九五二年，林牧獲區會允予告老退休。[42]以此為全文之結束。

同年撰寫《潮汕教會史略》，將潮汕教會之百年發展，劃分為五大時期，點出該會各時期發展之特點。分別為：（1）潮汕教會發軔時期（1848-1852），記黎力基在潮汕之宣教及成績。（2）教士執政之潮汕教會時期（1856-1881），記英國長老會賓為鄰、施饒理牧師之宣教事蹟，及該會在汕教育、醫療等傳教事業之興辦。（3）潮汕教會參政時期（1881-1927），華人教牧始行參與教政、會務。（4）兩區議會集權之潮汕教會時期（1927-1945），此乃中華基督教會嶺東大會成立後，汕頭及五經富兩區會，分別掌權時期，負責「立法、司法、保管、幫建、考試、宣道等合作事工」。（5）潮汕教會大議會時期（1945-1950），乃將教會「財才、產業、醫院、學校、工作移贈大會」，自此由嶺東大會主持教務，「重訂會章，……聘總幹事，設立理監事，常務監事，下設宣道、教育、服務、文字、財政、產業、合作、僑務等委員會，各理其事，分工合作」，是為大議會集權時期。此一時期潮汕教會共有堂會一百五十餘所，教牧三百餘人，教友三萬，初小學校七十餘所，中等學校七所，神學三所。汕頭區會自養達十之八九，而五經富亦達十之六七，學校經費完全自給，潮汕教會自成一系。潮汕教會百年發展史，一目瞭然。林牧更於文末明言教會對潮汕社會風俗、民生極具貢獻，他說：

---

42 林之純：〈汕頭區會五十年大事記〉，《青年季刊》（尖沙咀生命堂青年團契），27期（1958年），頁5-7。

「其中對救人靈魂工作，不遺餘力；外對教育之推進，風俗之改良，抽紗工業，西醫及西藥，影響潮汕民生實大，猗歟盛哉！」[43]基督教與中國現代化關係密切，潮汕教會無疑立下最佳例證。[44]

一九五〇年林牧退休後，南下香港定居，正如前述，開始關注本港潮人教會之事工。其中尤與潮人生命堂之關係，最為密切。就此而言，該堂於一九二三年，在林牧鼓勵下，召集信徒建立旅港潮人中華基督教會。及至國共內戰（1945-1949），由於國內潮汕信徒避難，相繼南下香港，導致本港潮人教會之旺盛。該會遂於一九四七年決定易名潮人生命堂，並因南下信徒，分屬英國長老會及美北浸信會，為求容納兩派信徒於教會，遂推行洗禮，浸禮之兼容，該會此兩項重大「歷史性」決議，皆在林牧之與會及指導下而完成。是為今日港九潮人生命堂之誕生，並由此成為香港著名之方言教會。[45]及至林牧退休，定居香港，先後為該會之創堂五十年（1959）及六十年（1960）撰寫史略，不但說明潮汕教會延伸香江之歷史轉變，進而論述香港潮人生命堂發展之歷史軌跡。

創堂五十年一文，乃由林牧講述，吳亦平所記錄。此為一九四九年後首見該堂之堂會史，[46]林牧為該會於一九二三年復會及一九四七年分堂復興階段的推手，由其講述該會五十年史，最為合適。林牧透過其所目睹及記憶，追述該堂之起伏、奮鬥、突飛猛進的歷程，認為乃該會得蒙神恩的歷史見

43 林之純：〈潮汕教會史略〉，《青年季刊》，26期（1958年），頁4-5。

44 林治平：〈基督教與中國現代化〉，《基督教與中國論集》（臺北市：宇宙光，1993年），頁391-398；並參李志剛：《淺談基教與中國現代化》（香港：基督教文化學會，2009年）一書。

45 參李金強、陳潔光、楊昱昇：《基督教潮人生命堂百年史述1909-2009》，頁96-100。

46 該會首篇會史，為〈旅港潮人基督教會略史〉，《旅港潮人基督教會1900週年報告》，1期（1933年）；第二篇會史則為陳希賢：〈旅港潮人中華基督教會〉，收入劉粵聲：《香港基督教會史》（1941年）（香港：香港浸信教會，1996年，重刊），頁92-94；而第三篇則為林牧：〈創堂五十週年史略〉，《基督教旅港潮人生命堂創堂五十週年紀念特刊（1909-1959）》（香港，1959年），頁10-13；有關該會之歷史文獻，可參李金強：〈基督教潮人生命堂的文本著述及其分析〉，王成勉主編：《十字架前的思索：文本解讀與經典詮釋》（臺北市：黎明文化事業公司，2010年），頁165-191。

證，此點躍然見於講述的字裏行間。林牧首先開宗明義：說明該會「半世紀的長期性、建設性、生命性之燦爛炳煥事實，其本末是亟應筆之於書，編成史略」，繼而以分期形式，將該會五十年史，劃分為四大時期，分別論述。

（1）創會時期（1909-1914），說明汕頭福音醫院醫生萊愛力夫人，眼見該會信徒貧困，遂教導潮汕女信徒抽紗手藝，以此賺錢，遂促成潮汕抽紗手工業生產及貿易的發展。因而導致日後該會信徒南下香港，從事抽紗貿易。於一九二三年亦因福音醫院醫療傳教士懷敦幹經港，呼籲該會潮籍信徒，組織潮人禮拜堂，時香港難覓潮語牧師，故由汕頭區會派遣邱加修出任，是為該堂的誕生。然至歐戰，由於香港經濟蕭條，因而停會。

（2）復會時期（1923-1945），歐戰結束後，潮汕會友重返香港經營抽紗，更見旺盛。其時適巧林牧於一九二三年訪港，有感在港會友「群羊無牧」，鼓勵復會，遂籌募基金，獲在港從事抽紗業會友同心支持捐獻。繼獲該會潮汕傳教士安飽德（P. J. Maclogan）、汲多瑪（T. C. Gibson）自汕抵港協助，遂得復會，是為旅港潮人中華基督教會的創立。繼而成立值理會，由林兆禧等值理主理會務。並由潮汕教會派出牧師及教師（傳道），南下香江協助牧會。一九二九年起，林牧且被任為該會之攝理牧師。此後六遷會堂，最後租定於皇后大道中商務印書館為堂址，進而興學，傳教，會眾日增。至一九三七年中日戰爭爆發，香港淪陷（1941-1945）之前，遂得乘時發展，創設九龍城支堂（1938）及尖沙咀支堂（1939），從而使該會得以成為「自養、自管及自播」的本土自立教會。此外，該會在淪陷時期三年六個月艱辛歲月中，仍然繼續維持，並對淪陷之潮汕母會，不時寄款救濟，潮汕教會之地域網絡，於此可見。

（3）復興時期（1945-1948），此為戰後港九重光，百業復興，隨著國共內戰，大量潮汕信徒南移，促成該會擴充，據林牧說：「自此各堂事工，越見擴大，生命力量愈見增強……形成了一個更新的團契生命」，遂於其時改名為「中華基督教潮人生命堂」，並在香港、九龍城、尖沙咀進行分堂崇拜。

（4）分堂時期（1948-1959），三堂先後自治，且分別自建禮堂，一九五〇年尖沙咀堂建堂於寶勒巷，一九五一年香港堂建堂於些利街；一九五二年九龍城堂於嘉林邊道，繼而衍生二代及三代堂會。[47]下開基督教潮人生命堂成為一具有港、九、新界十四個會堂，聯會及差傳會的規模，為二十世紀香港教會史中自成一派之本土獨立方言教會。[48]

一九六九年，時值該會之六十週年，林牧繼撰〈基督教港九潮人生命堂史略〉一短文。除縷述該會自一九〇九年創會；一九二三年由其推動復會；一九三八年創立支堂；一九四七年三堂分立自治。並指出自一九四八年分堂自治至今，會友由「四百五十七名加至三千五百；每年財政收支，自一萬元加至一百萬元」。並指出該會得以迅速發展，乃因「潮汕長浸教會（長老會、浸信會）財才總匯」蒙恩的結果。並祝望該會能加強奉獻，在「無差會無宗派遺規控制中，建立為純粹基督化三自時代性的教會；及準備家鄉教會復會之財才職責」。[49]林牧此文無疑為至今超過百年的基督教港九潮人生命堂的發展與成長，給予歷史解釋的註腳。此即對該會能夠成為本土自立化的教會的特質，作出明確的闡釋。就此而論，二十世紀上半葉中國基督教之發展，乃以自立及本土化為其發展的方向。[50]林牧斯文，無疑已為此一時代中國教會之發展，提供一項重要的例證。

四　結論

基督教以外來宗教「入主」中國而得以落地生根，建立中華基督教。其

47 該會於復會、復興、分堂三時期之發展，尚可參李金強：〈抗戰時期的香港教會——以旅港潮人中華基督教會為例〉，李金強、劉義章主編：《烈火中的洗禮：抗日戰爭的中國教會》（香港：建道神學院，2011年），頁159-178。

48 李金強、陳潔光、楊昱昇：《基督教潮人生命堂百年史述1909-2009》（香港：商務印書館，2009年），頁305-309、329-341。

49 林之純：〈基督教港九潮人生命堂史略〉，《生命週刊》第23卷第34期（1969年），頁首。

50 二十世紀上半葉中國基督教的發展動向。參李金強：〈二十世紀上半葉中國教會自立運動——以香港浸會教會為個案的研究〉，《近代中國基督教史研究集刊》第4期（2001年），頁41-55；並參楊森富：《中華基督教本色化論文集》（臺北市：宇宙光，2006年），頁135-156。

中與傳教士鼓吹「自養、自治、自傳」不無關係。[51]然更重要則為華人教牧及信徒領袖之興起，承擔牧會、佈道之重責。二十世紀中國教會已見名牧、佈道家群體之出現，早為學者所關注。[52]地處粵東潮汕，亦不例外。其中倡導自立之潮汕長老會，其教牧、信徒領袖亦見人才輩出。本文所研究之林之純牧師，即為其中之佼佼者。林牧出生於潮汕開教之地——鹽灶，奉獻教會、牧會，參與教會行政以至秉筆撰史。不但以「千里馬」的精神巡迴傳教，開拓潮汕及香港之潮人教會事工；講論聖道，流露本色化神學意念；進而記述中華基督教汕頭區會及潮人生命堂的發展與變遷史，為潮人教會發展，留下重要歷史記錄及見證。就此而論，二十世紀中國教會得以自立及本土化，林牧無疑為不容忽略的最美好例證。

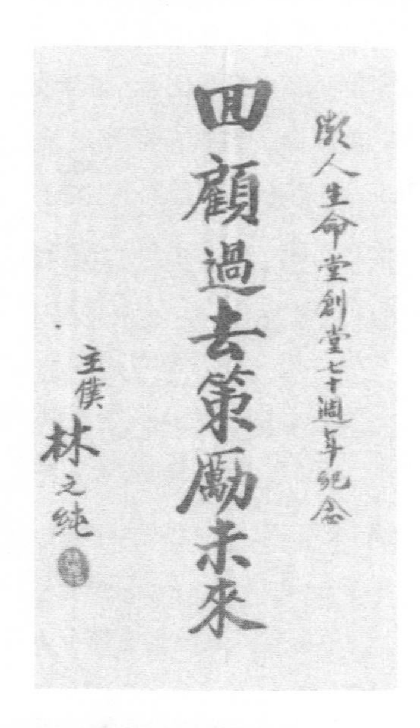

林之純牧師墨寶

---

51 吳梓明：〈中國基督教歷史重探——三自運動與本土化中國基督教的發展〉，李金強、吳梓明、邢福增主編：《自西徂東：基督教來華二百年論集》（香港：基督教文藝出版社，2009年），頁493-501。

52 梁家麟：《華人傳道與奮興佈道家》（香港：建道神學院，1999年）一書。

劉粵聲牧師

（1893-1960）

第七章
兩廣名牧
——浸信會劉粵聲牧師（1893-1960）

英、美浸信會為近世基督教發起對外差傳的先驅。其中美國浸信會於一八三五年派遣叔未士（J.Lewis Shuck 1812-1863）夫婦東來傳教。叔牧於鴉片戰爭期間，自澳門至香港皇后大道，開設皇后大道浸信會（1842年7月19日），是為近代中國第一所基督教教堂的創建。此後浸信會相繼派遣傳教士入華傳教，其中美南浸信會傳教士紀好弼（Rosewell Hobart Graves,1833-1913）於一八五六年抵粵傳教，前後五十六年，宣教遍歷兩廣，開設基址，建立兩廣浸信會，並於廣州之東山，開辦兩廣浸信會神道學校，是為浸信會在華首建神學院。劉粵聲牧師即為兩廣浸信會所誕生的華人教牧。[1]

一　信教

劉粵聲牧師，原籍廣東東莞，早年接受私塾教育，十三歲喪父，進入鄰村耶山禮賢會小學就讀，開始接觸救恩，「漸漸明白聖經，認識了耶穌，覺得基督教不錯，道理也很好」，於高小畢業及升入中學之際，在西教士校長要求及母親允諾下，遂受洗加入教會，然劉牧自謂其時乃「掛名的基督徒」，並未重生得救。稍後完成中學與師範進修，任職小學教師，時至廣州，得以參加二十世紀中國第一位著名佈道家丁立美（1871-1936）及陳維屏博士的佈道大會，遂悟重生之道。他說：「基督親自叩我的心門……得看重生」，立志「將身體奉獻給主」，投身傳道事業。一九一四年，劉氏謂已

1　李金強：《自立與關懷——香港浸信教會百年史》（香港：商務印書館，2002年），頁15-16，並參頁34，註54。

「由信以進信」，並再加入廣州河南浸信會，接受浸禮，繼而於一九一六年進入廣州東山兩廣浸信會神道學校，接受神學教育。[2]

二　粵滬傳道

一九一八年劉牧於兩廣浸信會神道學校畢業，已有三間教會提出聘約，最後以廣州河南浸信會需求較為急切，遂出任該會傳道。[3]及至所事奉的河南教會漸上軌道，翌年，遂轉任臺山公益埠佈道所。至一九二〇年，上海的廣東浸信會，慕其名而發出邀聘，遂至上海，出任該會傳道，翌年立即被按立牧職，成為該會第四任牧師，時年二十八歲，為其時在華浸信會最年輕的華人牧師。[4]此後於該會一共任職接近十年，適值民國基督教史上著名之「非基運動」時期，城市知識分子起而「非基」反教，風潮迭起，其中尤以北京、上海、廣州三地，最為熾烈。[5]

處此動盪時局，而劉牧亦於五卅慘案後「為此慘案參加呼籲奔走工作，請求昭雪」，[6]而上海廣東浸信會，即在劉牧之「機警勤勞，綢繆若定」，[7]終能使教會渡過危機，並見興旺。

其時該會在劉牧主理下，增聘傳道、幹事，開設分堂，購買墓園，自理

2　徐松石：〈劉粵聲牧師行述〉，《劉粵聲牧師殯葬禮儀節》（香港：堅道浸信會，1960年）；引文均見於劉粵聲：《粵聲講道集》（香港：浸信會出版社，1965年），頁30-31。

3　〈兩廣浸信會神道學校〉，〈河南教會〉，劉粵聲編：《兩廣浸信會史略》（香港：浸信教會，1997年，重印），頁167-171、244-245。

4　劉粵聲：〈4. 立牧師記（1921年）〉，《粵聲事記》，見李金強：〈兩廣名牧劉粵聲及其日記──《粵聲事記（1918-1955）》的刊印〉，《華南研究資料中心通訊》第29期（2002年），頁2。

5　查時傑：《民國基督教史論文集》（臺北市：宇宙光，1993年），頁135-212。

6　劉粵聲：〈5. 大事記（1925年）〉，《粵聲事記》，見李金強：〈兩廣名牧劉粵聲及其日記──《粵聲事記（1918-1955）》的刊印〉，《華南研究資料中心通訊》第29期（2002年），頁2。

7　徐松石：〈劉粵聲牧師行述〉，《劉粵聲牧師殯葬禮儀節》（香港：香港堅道浸信會，1960年）；引文均見於劉粵聲：《粵聲講道集》（香港：浸信會出版社，1965年）。

所辦之崇德女校。至此教會與學校之常年經費，均能自給自足，完成經濟之自立，殊堪注意。正當該會在劉牧帶領下「進步神速」之際，[8]美國三藩市「屋崙（Oakland）華人浸信會」早於一九二六年首次邀聘劉牧，然廣東浸信會以乏人接任而加以挽留，故未能成行；至一九二八年再下聘書，遂獲教會給予三年休假，赴美踐約。[9]而劉牧遂於一九二九年七月十九日放洋，乘提佛總統輪，自東徂西，遠至美國，開始其牧會之新經歷，而其人生視野亦由是開拓。[10]

三　美洲傳道

在三藩市屋崙華人浸信會任職期間，除主理教會事務外，入學讀英文；又乘私家車至加利福尼亞州的十八個城市，對於加省城鄉之美勝及社會設施之完備，留下深刻印象。[11]

一九三一年，三藩市召開「全美華僑基督教大會」（8月17-20日），由其時著名教會領袖──中華基督教協進會總幹事誠靜怡（1881-1939）出任大會的名譽會長，而劉牧則為大會重要籌備者之一，並出任中文書記。此一大會召開之目的，在於聯絡全美各華僑教會的感情。大會召開後，並被委任主編《美洲華僑教會》一書，於一九三三年成書出版。該書內容主要為其時美洲

---

8 徐松石：〈旅滬廣東浸信會〉，《星晨季刊》第2期（1940年），頁394。

9 劉粵聲：〈6. 辭職記（1926年）〉，《粵聲事記》，見李金強：〈兩廣名牧劉粵聲及其日記──《粵聲事記（1918-1955）》的刊印〉，《華南研究資料中心通訊》第29期（2002年），頁3。

10 〈劉粵聲牧師之旅況（海外）〉，《真光雜誌》第28卷第9號（1929年），頁95，內有劉牧於七月二十九日致該刊主編張亦鏡函，謂船經橫濱停留，至東京遊歷，「目睹日本交通之便利，道路之整齊，人民之勤奮，警察之良善，不禁驚歎。」

11 劉粵聲：〈16. 乘飛機記（1930年）、〈17. 旅行記（1930）〉、〈19. 往探監獄記（1931）〉、〈20. 往游名城記（1931）〉，《粵聲事記》，見李金強：〈兩廣名牧劉粵聲及其日記──《粵聲事記（1918-1955）》的刊印〉，《華南研究資料中心通訊》第29期（2002年），頁3-4。

華僑教會現狀之調查報告，以及是次大會召開經過及其相關文獻之彙集，亦為劉氏從事文字事工的第一本著述。[12]

尚須一提為劉牧於一九三三年更出版其首本講道集——《金港天聲》，該書之取名，即為誌記其文字佈道動機，源於金港（三藩市金門）之故也，全書主要收集其於三藩市教會宣講之講章二十篇，實為劉牧青、壯年時期文字佈道之結集。[13]

四　回歸廣州

一九三二年一月一日，劉牧完成了三年海外牧會工作後，離開三藩市，乘麥堅尼總統輪，起程回國，抵滬回粵，出任兩廣首屈大教會——廣州東山浸信教會會牧。[14]該會為兩廣浸信會宣教事業之中心，於一九〇九年誕生，由余瑞雲出任首任牧師，至一九二三年興建新堂，一九二七年落成，可容一千五百人聚會，為華南地區最大之禮拜堂。即在此一背景下，劉牧就任後，努力宣教，於教會主辦培靈講道，增設中、英文主日學至二十二班，主日崇拜，座無虛席，至一九三四年會眾多至一千八百餘人，該會由是進入發展的「鼎盛時期」。[15]

此外，劉氏又四出佈道，足跡遍及兩廣與上海各地，歸信者眾，由是聲譽日隆，交遊日廣，深受教會所重視；隨即被委任兼職東山兩廣浸信會神道學校院長。至一九三六年，先後出任全國浸信會聯合會、兩廣浸信會聯會、

---

12 參劉粵聲：《美洲華僑教會》（三藩市全美華僑基督教大會，1933年），又誠靜怡生平，參王曉靜：〈二十世紀普世教會合一運動的傑出人物——誠靜怡〉，《近代中國基督教史研究集刊》第10期（2014/2015年），頁119-130。

13 劉粵聲：〈自序〉，《金港天聲》（廣州市：金港天聲社，1933），謂其由上海至三藩市，牧養教會，訪友尋書，留下心跡。

14 劉粵聲：〈21. 從美返國記（1932年）〉，《粵聲事記》，見李金強：〈兩廣名牧劉粵聲及其日記——《粵聲事記1918-1955》的刊印〉，《華南研究資料中心通訊》第29期（2002年），頁4。

15 黃增章：〈廣州東山浸信教會四十年〉，《廣東文史資料》（廣州市：廣東人民出版社，1991年），頁192。

廣州浸信會聯會、廣州基督教聯會、廣州宣教師聯誼會及華南聖書會等六會會長，其領導才幹，由此顯露。同年，更被委任為「浸信會在華百週年紀念大會」主席；一九三七年，北赴上海，出席「全國聖書大會代表大會」，會後前赴浙江、江蘇、山東、河南、河北、山西六省，並至北京，代表浸聯會向上述各省、市浸信會信徒問安，以及彼此聯絡友誼，繼而南下上海，出席第十一屆全國基督教協進會大會。[16]至此，劉氏於全國浸信會及華南基督教界已具顯要地位，亦為兩廣基督教界矚目之名牧。

其時劉牧仍繼續注意文字事工，相繼編刊《兩廣浸信會史略》（廣州市：1934年）及《廣州基督教概況》（廣州市：1937年）兩書[17]；又出版《信徒秦鏡》（廣州市：金港天聲社，1935年），前兩書為清末民國華南基督教會之記錄，極具史料價值，後書則為新、舊約人物之講道集。[18]

五　牧會香江

一九三七年，日本發動對華全面侵略，劉牧遂接受香港浸信會的聘任，於一九三七年十二月三十日攜眷南下香江，出任會牧。在港前後任職二十年，由是亦成為香港基督教界的名牧，並揭開其牧者生涯的另一頁。劉牧南下之初，時值八年抗戰，國內烽煙四起，人民流離失所，劉牧至港後，首先投身牧養教會，用心傳道，開拓教會事工。一九三八年與同會張文照牧師（1876-1966）、會佐譚希天三人發起成立「香港浸信會聯會」，計劃集合浸

16 劉粵聲：〈22-24. 往滬、汕、桂林佈道記（1932，1933）〉、〈26. 往惠州佈道記（1934）〉、〈28-29. 赴滬會議記、往韶佈道記（1935）〉、〈31. 往廣州灣佈道記（1936）〉、〈32. 任義務職記（1936）〉、〈33. 北遊特記（1937）〉，《粵聲事記》，見李金強：〈兩廣名牧劉粵聲及其日記——《粵聲事記1918-1955》的刊印〉，《華南研究資料中心通訊》第29期（2002年），頁4-5。

17 二書日後由香港浸信教會出版合訂本，《廣州基督教概況・兩廣浸信會史》（香港：香港浸信教會，1997年，重印）。

18 劉粵聲：《信徒秦鏡》（廣州市：金港天聲社，1935年），該書乃以新、舊約人物為對象之講道集。

會信徒的力量，於危急存亡之秋的國難中廣傳福音，並由劉牧出任主席。[19]

至一九三九年，為抗日嚴重之年，國內不少教友親朋，紛紛南逃至香港，逃避戰禍。劉牧遂起而參與戰時救濟，撫恤流亡，以基督愛世之心，服務桑梓，劉牧先後被選任為「基督教華南浸信會服災會」副主席（1938年）、「香港難童工讀院」董事會主席（1939年）、「粵港基督教各團體聯合慰勞團」主席（1939年）及「基督教華南戰時兒童教養會」負責人之一（1940年），發起籌款，推動戰時救濟、救難、慰勞前線將士等工作。[20]

一九四五年八月三日香港終於重光，中國抗戰勝利，遂重新投入宣教工作，來回省、港，培靈佈道，傳揚福音。[21]然而好景不常，瞬即國、共衝突，爆發內戰，情勢為之急變。由於內戰，國內難民大量南流湧入，信徒不斷增加，劉牧即在此一時勢下，呼籲教會擴充宣教事業，從而促使香港浸信教會之宣教事工，出現新景象。[22]

與此同時，劉牧仍然筆耕不絕，先後出版所編《香港基督教會史》（香港：1941年）及《粵聲講道集》（香港：香港浸信會出版部，1965年），前書為研究二十世紀上半葉香港基督教史重要書籍，後書則為其晚年講道之結集，有助於瞭解劉牧的宗教思想。

隨著該會教務蒸蒸日上，劉牧又先後被委任為香港浸信會神學院首任院

---

19 劉粵聲：〈37. 赴香港就牧師職〉，《粵聲事記》，見李金強：〈兩廣名牧劉粵聲及其日記──《粵聲事記1918-1955》的刊印〉，《華南研究資料中心通訊》第29期（2002年），頁5。劉牧謂一九三七年十月接聘，十一月向東山浸信會辭職。譚希天：〈劉粵聲牧師簡史〉、〈二十年來的香港浸信會聯會會務簡述〉，《希天文輯》（香港：美天企業，1962年），252、254。

20 劉粵聲編：《香港基督教會史》（1941）（香港：香港浸信教會，1996年，重刊），頁185-186、264-269。

21 劉粵聲：〈66. 香港光復記（1941）〉，《粵聲事記》，〈71. 往汕頭佈道記（1946）〉、〈72. 往廣州佈道記（1947）〉、〈79. 乘機往汕佈道記（1948）〉、〈81. 出席全國浸信會第一次代表大會（1948）〉，《粵聲事記》，見李金強：〈兩廣名牧劉粵聲及其日記──《粵聲事記（1918-1955）》的刊印〉，《華南研究資料中心通訊》第29期（2002年），頁8-10。

22 劉粵聲：〈把船開到水深之處下網打魚〉，《香港浸信會聯會月刊》復刊第3卷第4期（1948年），頁1-2。

長（1951年），以及香港基督教聯會主席（1954年），事繁任重，終因工作太忙，一九五三年辭去神學院院長職務。時劉牧已由中年踏入老年，健康日見問題，已有血壓高、風濕病、小腸氣諸病症，均需延醫治療，並須施行手術。至一九五七年底，終以健康問題，遂向教會辭職榮休，[23]至一九六〇年六月二十四日，由於血壓高病發而辭世，息勞歸主，重返天家。繼於堅道浸信會堂，舉行安息禮拜，由歐陽慶翔牧師主禮，譚希天述史，而徐松石牧師輓之曰：「吁嗟劉牧，教會鈞陶，生平事蹟，勞苦功高。雲天漠漠，江漢滔滔，愛人愛主，永念麾旌。」[24]

劉牧娶妻俞瓊珍，育有二子少明、少強，三女笑娟、笑媯、笑嬅，劉俞氏於一九四八年因病逝世。同年續娶梁玉釵為繼室，育有一子少康、一女笑嫻，子少康牧師，畢業於國立臺灣師範大學歷史系及香港浸會神學院，任香港浸信教會會牧，亦為本港之名牧。

---

23 劉粵聲：〈87. 兼神道院長記〉、〈89. 就會主席職記（1954）〉、〈90. 患病割症記（1954）〉，《粵聲事記》，見李金強：〈兩廣名牧劉粵聲及其日記──《粵聲事記1918-1955》的刊印〉，《華南研究資料中心通訊》第29期（2002年），頁11。〈送劉粵聲牧師榮休〉，《香港浸信會週刊》第10卷第25期（1957年）。

24 徐松石：〈劉粵聲牧師行述〉，《劉粵聲牧師殯葬禮儀節》（香港：香港堅道浸信會，1960年）；引文均見於劉粵聲：《粵聲講道集》（香港：浸信會出版社，1965年）。

徐松石牧師

（1900-1999）

第八章
浸信會客家牧師
——徐松石（1900-1999）的生平與事奉

基督教於十九世紀初來華傳教，由於清廷禁教，故來華開教傳教士如馬禮遜等，只能暫居澳門、廣州，習識粵語，期待福音得傳。然開教困難，故歐美傳教士遂紛紛轉至南洋，建立傳教基地，建教堂，辦學校，印製聖經及宣教書刊，對當地華人傳教。故一部近代中國基督教史，實始於南洋。此即馬禮遜、米憐（William Milne, 1785-1822）建立「恆河外方傳道會」於馬六甲；麥都思於印尼耶加達發展教會；郭士立巡迴傳道至曼谷；美北浸信會傳教士耶安西及粦為仁聞風繼至曼谷，是為基督教入華史的預備時期。[1]其時南洋自十六世紀以降，已漸為歐美列強所入侵，西班牙、美國先後占領菲律賓，英國占領星馬成英屬東印度，及荷蘭占領印尼而成荷屬東印度，尚有英占緬甸、法占越南，以至英法勢力均分之暹羅。均為歐美勢力所漸，此歐美傳教士得以宣教南洋之因由。然南洋天地，除本土原住民定居外，自明清以降，大量華人移墾當地，此因地近中華，且因國內動亂，謀生需要及當地殖民經濟發展所由致也。[2]其中尤以閩粵兩省，省民為南洋華人僑民社會的主

1　李金強：〈基督教入華的預備時期——以潮汕開教為例〉，《自西徂東——基督教來華二百年論集》（香港：基督教文藝出版社，2009年），頁194-195; Jane Kate Leonard, "W. H. Medhurst: Rewriting the Missionary Message," Jessie G. Lutz, "Karl F.A. Gützlaff: Missionary Entrepreneur," in Suzanne Wilson Barnett and John K. Fairbank eds., *Christianity in China – Early Protestant Missionary Writing* (Cambridge: Harvard University Press, 1985), pp. 47-87。

2　朱杰勤：《東南亞華僑史》（北京市：高等出版社，1990年），頁37-48、108-150；並參 Wang Gungwu, *China and the Chinese Overseas* (Singapore: Time Academic Press, 1991), pp. 1-8；王氏透過華商、華工、華僑、華裔四種型態，說明近世中國移民的發展及其特性。

體，閩粵兩省由是同為我國著名之僑鄉。南洋之閩粵僑民，除粵語外，當以閩南語系的閩語、潮語及閩西、粵東的客語，最為普遍。[3]故歐美傳教士初至南洋，如麥都思、郭士立等皆向當地「華僑」傳教，從而習識閩、潮、客此三種方言。及至鴉片戰後，割讓香港及開五口通商，促成香港及上海二港之興起，逐漸取代廣州。而寓居南洋之歐美傳教士，紛紛群集香港，繼而北上五口開教，而熟悉閩、潮、客語之傳教士，遂得以由香港進入內陸，促成近代閩、潮、客方言族群教會之建立。[4]時至今日，香港、閩南、粵東、臺灣遂成為我國教會史上著名方言教會之所在地。深受教會史研究者之關注。[5]然本文所研究之客家牧師徐松石，其信教經歷，頗有不同，並非出身客家方言教會。原來徐牧素常強調原屬客家，移民廣西容縣，出生於廣州，卻於美國浸信會主辦之上海滬江大學就讀，遂受洗加入上海之旅滬廣東浸信會。於新中國建立後，徐牧南移香港，牧會於尖沙咀浸信會，晚年移民美國，客死他鄉，充份顯示客家之「移民」特性。[6]本文遂以此標立其為客家教牧之身份，故研究徐牧，當由其出身之客家起論。

一　從研究史看客家之源流及族性

客家為華南漢族族群之一，於晉、唐宋元及明清時期，自中原南遷至贛南、閩西、粵東三省交界，成為客家基本住地，其後擴遷至廣西、四川、臺

3 陳達：《南洋華僑與閩粵社會》（長沙市：商務印書館，1938年），頁2-4，又客家方言群在東南亞的傑出表現，參顏清湟：〈東南亞歷史上的客家人〉，《海外華人的社會變革與商業成長》（廈門市：廈門大學出版社，2005年），頁39-104。

4 吳義雄：《在宗教與世俗之間——基督教新教傳教士在華南沿海的早期活動研究》（廣州市：廣東教育出版社，2000年），頁187-209。

5 姜嘉榮：〈近代中國基督教區域研究述評——以中國及西方研究為個案〉，《近代中國基督教史研究集刊》第2期（1999年），頁19、97-98；又香港的方言教會研究，參邢福增：《香港基督教史研究導論》（香港：建道神學院，2004年），頁249-252；關於閩、潮、客方言族群教會之新近研究，可參李金強、劉義章主編：《聲教廣披——基督教與華南方言族群》（香港：建道神學院，2016年）一書。

6 徐松石：《歸主六十五年》（香港：尖沙咀浸信會，1999年），頁1-2、6-7。

灣、海南等省。晚近更遷徙至南洋、歐美各地。[7]至於客家研究，始見於來華之歐美傳教士，其中巴色會傳教士韓山文及倫敦傳道會傳教士歐德理首開其先。然就華文學者之研究而言，以香港大學中文系任教及曾任崇正總會長之清室遺老賴際熙（1865-1937）為其先導。而咸以為原籍興寧、信義宗崇真會會長及著名史學家羅香林（1906-1978）於一九三三年出版之《客家研究導論》，為客家研究之典範。[8]羅氏透過正史、地方志及家譜文獻，指出客家乃國史上北方中原漢族，因戰亂而歷次南移所形構，成為一具有獨特歷史文化的漢民族之「民系」。此後之客家源流研究，皆多就羅氏之論而發。一九九四年房學嘉出版《客家源流探奧》，指出客家源流，乃南遷中原士民，與閩、贛、粵三省原住民古越族混融而成的共同體，於南朝末年形成。一反羅氏所論，而提出此一新說。一九九五年謝重光：《客家源流新探》，提出客家源流，乃來自唐宋時期北方漢人南遷，至南宋形成，然卻修正羅香林所指宋代閩贛粵交界各州「客戶」為導致客家「民系」形成之說。一九九七年陳支平：《客家源流新論》亦透過譜牒文獻研究，指陳羅氏所指中原漢族南移之客家人與非客家人，乃同祖分支，其源流與閩、粵、贛之中原移民無異。至十六、十七世紀之交，客家「民系」始告形成。一九九七年原任教澳洲墨爾本大學，以中俄關係史研究著稱之梁肇庭，轉而研究客家，於去世前完成 *Migration and Ethnicity in Chinese History, Hakkas, Pengmin and Their Neighbors* 一書，利用「族群」（ethnic group）概念及施堅雅（G. William Skinner）分析中國集鎮、城市之空間分佈，出現「核心—邊緣」互動經濟週期的著名區域系統理論（Regional System Approach），研究十六至十九世紀客家移民運動，說明在施氏所劃分的東南沿海、嶺南及江西「巨區」（macro-region）內之客家播

7　羅香林：《客家研究導論》（1933）（臺北市：集文書局，1925年），頁17-18；見羅氏對客家之界義；徐杰舜：〈客家人的形成及人文特徵〉，《廣西客家研究綜述》（桂林市：廣西師範大學，2005年），頁1-4。

8　清末民國時期之客家研究及討論，參羅香林：《客家研究導論》（1933）（臺北市：集文書局，1925年），頁1-24；陳麗華：〈香港客家研究綜述〉，劉義章主編：《香港客家》（桂林市：廣西師範大學出版社，2005年），頁1-7。

遷，乃由於土、客族群政治、社會矛盾及區域經濟週期影響所致，逐漸形成一「獨特」文化的族群。而由十六世紀閩贛粵邊界之客家人，開始外移到其週邊之嶺南、臺灣各地，始能被稱為「客家族群」。此皆就羅香林的研究典範，逐漸修正而成立新論點。直至晚近尚有法國遠東學院之勞格文（John Lagerwey）及福建社會學院客家研究中心的楊彥杰，合作策動閩、贛、粵三省學者，借助人類學方法，對三省之客家分佈區域，進行田野調查及「地方性」之研究，使客家源流發展及其族群的社會與文化，日見明晰。[9]

即在上述學者研究下，吾人可以對客家此一方言族群的起源及發展，獲得認知。乃客家源於國史上西晉五胡亂華、晉室南渡、唐末黃巢之亂、宋室南遷等內亂，促成中原士民南移至今閩（西）、贛（南）、粵（東北）交界，與當地原住民互動衝突、混融，逐漸形成以客家方言為主的客家族群。至十六世紀以降，由於區域週期變動，再次掀起移民運動，由閩粵贛區以「離心式移民」遷居至閩粵贛周邊之廣西，四川、湖南、臺灣、海南，以至海外。「移民規模越來越大，遷移的距離越來越遠」。[10]而徐松石，以廣西容縣籍貫，而自行認同客家，此乃其家族自廣東嘉應州、肇慶府遷移至廣西「離心式移民」所致，故需置放於上述客家族群之源流及發展研究所呈現之客家歷史圖像，方能瞭解其認同客家之由來，以下論述徐牧之生平及其事功。[11]

二　生平

徐松石，廣西容縣人，原屬客家族裔，以徐氏族祖，自中原南遷至江西、福建以至廣東嘉應州蕉嶺縣，明末清初再遷肇慶府新興縣，而成該縣之

9 王東：〈導言——客家研究的學術史回顧〉，《那方山水那方人：客家源流新說》（上海市：華東師範大學，2007年），頁1-39。

10 王東：〈結語——離心式移民的展開與客家方言群的裂變〉，《那方山水那方人：客家源流新說》（上海市：華東師範大學，2007年），頁289-345。

11 徐牧之生平、神學思想及其學術研究，已經引起本港及國內以廣西為主學者的注意，研究不少，參溫呈祥：〈在世俗與宗教之間——知識分子徐松石研究〉（桂林市：廣西師範大學中國近現代史碩士論文，2009年），頁2-6。

客家族，至十世祖移居廣西容縣。原名振凡，以字行，又字仲石。父徐玉其，秀才出身，留學日本同文書院，加入同盟會，主張實業救國。早年回鄉辦學，壯年在梧州經商，往來梧穗、港澳各地，故徐牧誕生於廣州。[12]幼年時於容縣入學，入讀其父所創辦的強志小學，熟讀經史，繼入容縣中學，後至廣州，香港求學。一九一六年報考美國浸信會創辦之上海滬江大學預科。一九一八年升讀滬江大學，就學期間，為該校學生會秘書、校刊《天籟》中文編輯。且時常投稿於上海報刊雜誌及青年會的《青年進步》雜誌，並出版《新教育理論》（上海廣協書局，1921年）一書，為其生平著述之處女作。故成其滬江才子之美譽，一九二二年畢業，獲教育學學士。[13]在學期間，已有同學林氏對其傳教，漸對基督教「發生興味」，一次世界大戰結束後，美國佈道家相繼來華宣道。時美國青年會總幹事及著名佈道家艾迪（Sherwood Eddy, 1871-1963）於一九一九年至上海佈道，徐牧出席佈道會，深受聖靈感動，意決歸信基督。並於同年在滬江大學接受撰寫滬江大學校史之海浦士牧師（John Burder Hipps），施行浸禮，由是成為浸會信徒。繼而進修校內神學課程，故其生活「相當忙碌，……愉快得很，良師益友，提攜砥礪」，此其信主後的良佳見證。[14]並加入旅滬廣東浸信會，時該會由禤良才牧師、劉粵聲牧師、趙仕璋牧師先後主理，[15]禤良才牧師，畢業於廣州培正書院，一九

12 楊天保、謝振治：〈徐松石著作事跡編年考略（1899-1999）〉，《田野與文獻》第44期（2006年），頁13-15。本文作者據其長女徐雙薇之〈徐松石簡歷〉及考松石之父玉其之生平，而提出徐牧應於1899年生於容縣，然徐牧自謂「1900年底，作者誕生於廣州」，《歸主六十五年》（香港：尖沙咀浸信會，1999年），頁1，今從徐牧所說；近代辛亥革命前後出現實業救國思潮，參王爾敏：〈中華民國開國初期之實業建國思想〉，《中國近代現代史論集》（臺北市：臺灣商務印書館，1986），18編（下），頁1057-1093。

13 John Burder Hipps, *History of the University of Shanghai* (Board of Founders of the University of Shanghai, 1964), pp. 36-37. 指1918年教育科獨立成系組。

14 艾迪為主張社會福音的著名佈道家，來華佈道宣教，尤重福音救國的傳教策略，參林榮洪：《中華神學五十年》（香港：中國神學研究院，1998），頁87、98-99、152。《歸主六十五年》（香港：尖沙咀浸信會，1999年），頁1。

15 徐松石：《歸主六十五年》（香港：尖沙咀浸信會，1999年），頁2-3；徐松石：〈旅滬廣東浸信會〉，《晨星季刊》第2期（1940年），頁39-40。旅滬廣東浸信會由美南浸會傳教

〇三年出任香港浸信自理會傳道，一九〇五年被按立為牧師，其後至三藩市牧會，回國後至上海廣東浸信會任會牧，促成該會購建新堂，然積勞成疾，一九二〇年因肺病去世，由劉粵聲牧師繼任。至於劉粵聲牧師，畢業於廣州東山兩廣浸信會神道學校，畢業後於廣州河南浸信會任傳道，一九二〇年至旅滬廣東浸信會牧會，被按立為牧師，任內開設分堂、購買墓園，並成立崇德女校，為該會「進步神速」時期。後至美國三藩市牧會，再行回國，出任廣州東山浸信會會牧，抗戰始起，被邀出任香港浸信自理會會牧，其傳道經歷恰與禤牧相反。[16]徐牧謂滬江就讀時，禤牧時常探訪，故對他們的黽勉，未能忘懷。而劉牧則與他成為知交，並為其一九二四年結婚時證婚。[17]此其日後得於該會成為執事及被按牧之由來。

徐牧畢業後，先後於明強中學及崇德女子中學任教。繼由滬江大學校長魏馥蘭（Francis John White, 1870-1959）力薦，出任美華浸會印書局上海編輯部主任，負責編寫主日學師範課程和編輯聖詩。期間熱心教會事奉，參與創立全國第一個基督教「文社」，該社提倡編印一套《景藏》，藉以使基督教得以傳揚。並為旅滬廣東浸信會執事，至一九二四年與祖籍番禺，畢業於上海浸信會晏摩氏女子中學之郭琪芬結婚，隨即擔任上海崇德女子中學校長。一九二九至一九三〇年間，前赴美國田納西州的師範學院——Peabody College for Teachers，修讀教育碩士課程。畢業後回國，仍至上海，擔任崇德女子中學校長。並為旅滬廣東浸信會按立為牧師，時值非基運動時期（1922-1928），在華基督教備受批評，且發生教難，教內知識份子起而護教。[18]其中浸信會張文開（1871-1931）主編之《真光》雜誌，最為著稱。張氏提出「外儒

士萬應遠（Robert T. Bryan, ?-1936）所建立，歷湯傑卿、馮活泉及禤良才三位牧師主理，漸具規模。繼任者為劉粵聲及趙仕璋二牧。

16 李金強：《自立與關懷——香港浸信教會百年史（1901-2001）》（香港：商務印書館，2002年），頁46-47、93-96，並參本書第六章。

17 徐松石：《歸主六十五年》（香港：尖沙咀浸信會，1999年），頁2-3。

18 查時傑：〈早期非基運動下基督教會之回應問題〉，《民國基督教史論文集》（臺北市：宇宙光，1993年），頁445-483。查氏舉《生命月刊》、《青年進步》及《真光》三雜誌為例，說明教內知識分子如簡又文、謝扶雅、張文開等的護教言論。

說」，提倡基督教本色化護教，徐牧深受影響。及至張氏去世，徐牧遂接任《真光》雜誌主筆（1932-1933）之職，期間發表了一系列基督教與中國文化關係的著述，包括《耶穌眼裏的中華民族》(1934)、《人類之光》、《聖道起信論》(1934)、《基督教的佛味》(1935)、《中華民族眼裏的基督》(1935)，從而成為一位倡論基督教與儒釋道互通的基督教本色化學者。與此同時，一九三四年被邀至印尼蘇門答臘之棉蘭，創辦蘇東中學。及至抗戰前後，除投身救亡及戰時救濟外，並前赴粵西邊疆佈道，進行考察。對嶺南民族及東南亞民族的起源，產生研究興趣，先後發表著述，是為其日後成為民族史專家的由來。徐氏在滬信教、傳道及學術表現，先後為其母校滬江大學、之江大學、華東大學所知，並聘其為兼職教授。[19]可見徐牧幼年就學故鄉，青年時期至滬、美升學。由於就讀教會大學，得信基督，此後從事教育，奉獻教會，並投身民族史研究，卓然成家。

及至國共內戰，新中國建立後，遂於一九五七年向當局申請離滬，南下香港，展開其生活的新一頁。然繼續事奉教會，參與文字事工、神學教育，並繼續其民族史之研究，至一九七五年退休，移民美國舊金山，直至去世。綜觀此一寓港寓美的海外生活階段，徐牧仍離不開傳道、教育及史地研究。[20]茲就此分論其於傳道、教育、文字，及史地研究四者的事功，藉以見其生平志業。首言其傳道、教育、文字三者。

---

19 徐松石：《歸主六十五年》(香港：尖沙咀浸信會，1999年)，頁2-8；楊天保、謝振治：〈徐松石著作事跡編年考略（1899-1999）〉，《田野與文獻》第44期（2006年），頁13-24；張文開，號亦鏡，廣西樂平縣人。信教後任職美華書局，先後主編《大光報》及《真光雜誌》，其生平，參歐陽佐翔：《前賢景行錄》(香港：浸會出版社，1984年)，頁17-23。

20 徐松石：〈東南亞民族中的中國血緣序言〉，《徐松石民族學文集》(桂林市：廣西師範大學出版社，2005年)，下卷，頁571，徐牧自謂，「生平有三大興味，第一是傳道，第二是教學，第三是研究史地」。

三　傳道、教育、文字

就傳道事工而言，徐牧自一九一九年四月二十日於滬江大學受洗後，隨即加入旅滬廣東浸信會。該會乃於一九〇二年前美南浸會傳教士萬應遠（R. T. Bryan），鑑於在滬之廣東信徒少通國語、滬語，因而設立，歷經華牧湯傑卿、馮活泉、傳道盧信光協力傳道，信眾日增，並設崇德小學，繼由禤良才、劉粵聲二牧出任。[21]徐牧期間於浸會印書局服務，並成為該會會友。至一九二六年被選為執事，並在該會兼任主日學及少年團指導員，從而獲得事奉教會之經歷。及至一九三七年抗戰發生，上海成為淪陷區，浸信會傳教士及教友，除部份留下，相繼離去，大多前赴國民政府管治下，稱為自由區的廣西桂林及西南各省，繼續傳道。[22]其時徐牧被按立為該會牧師，始行牧養教會，並於一九三八至一九四〇年暑假期間，至桂林及西南地區進行邊疆佈道。由寧波，經吉安，入株州，至桂林，再至柳州。廣西為少數民族如壯族等聚居之地，從而引發其對西南少數民族史研究之志趣。[23]及至抗戰勝利，浸信會在全國各地復辦，又進行重建工作，教會出現復興。而徐牧與黃觀海牧師二人，擔任旅滬廣東浸信會牧職，除於該會的西堂及北堂聚會外，更於淮海路、提籃橋和西康路，開設查經佈道會所。一九四八年徐牧更自滬至臺北，開展福音旅行事工，在臺北為八位信主者施浸，是為浸信會在臺開教之始，從而建立臺灣浸信會的傳道事業，殊具意義。至一九七〇年，臺灣浸信會教友竟達一萬人之眾。[24]及至新中國建立後，一九五七年徐牧獲當局批准

---

21 盧信光、鄺柳春：〈旅滬粵人之教會〉，《中華基督教會年鑑》第4期（1917年），頁118；又萬應遠為上海滬江大學的創立者之一，見John Burder Hipps, *History of the University of Shanghai*, pp. 29-30; 湯傑卿、馮活泉、禤良才皆為出身廣東浸信會之名牧，三人生平，參劉粵聲：《兩廣浸信會史略》(1934)（香港：香港浸信教會，1997年，重刊），頁431-432、433-434、436-437。

22 徐松石編著：《華人浸信會史錄》（香港：浸信會出版社，1972年），第1輯，頁13-16、22-24。

23 徐松石：《歸主六十五年》（香港：尖沙咀浸信會，1999年），頁3-5。

24 徐松石編著：《華人浸信會史錄》（香港：浸信會出版社，1972年），第1輯，頁29-31。

離滬赴港，從此投身香港之浸信會事工，成為本港教會界之名牧。

徐牧抵港後十八年間，初於長洲建道神學院協助教務工作，繼而受聘於浸會出版社，擔任編輯、總編輯及總幹事。期間並任職於尖沙嘴浸信會，由長老、義務會牧以至擢升為主任牧師。除牧會外，徐牧更前往東南亞各地，主領培靈佈道聚會，引領華人信主。[25]此外，並被選為香港浸信會聯會的董事、副主席、書報部部長等職務。且被邀為主日學夏令會及各種研討會講員，更出任香港華人基督教聯會出版部顧問。及至美國，仍出任當地自立浸信會顧問牧師，並到美、加各地講道，傳揚福音，不遺餘力。[26]

徐牧於牧會之餘，投身教育及文字事工，出版尤多。就教育事工而言，徐牧於滬江大學就讀前後，早已關注西方教育理論，先後譯著美國師尼氏之《兒童德育訓練》、《新教育理論》、《家庭教育與兒童》，葛里奇：《教學的七大定律》，Margaret Slatlery：《教授綱要》、《實用小學教學法》及萬應遠的《實用講道術》，推介西方的教育思想及制度。並於上海崇德女子中學任教及出任校長。一九三四年更至印尼棉蘭創辦蘇東中學，並於上海之滬江、之江、華東等大學為兼任教授。又出任上海基督教中學聯誼會主席、華東七省市基督教育會會長。及至南下香港，繼而兼任香港浸信會神學院教授之職，講授「基督教與中國文化」及「宗教比較學」兩科，又擔任亞洲浸信會神學

---

25 李金強：《自立與關懷──香港浸信教會百年史1901-2001》（香港：商務印書館，2002年），頁75-76。尖沙咀浸信會為香港浸信自理會最早的宣教事工，初設於油麻地，至一九三七年於山林道建堂，遂定名尖沙咀浸信會，一九五八年，再建新堂於金馬倫道，事工日見發展，並參徐松石編：《華人浸信會史錄》（香港：浸信會出版社，1972年），第2輯，頁29-35；蕭昌業：〈尖沙咀浸信會五十年大事記〉，《尖沙咀浸信會五十週年金禧特刊1939-1989》（香港：尖沙咀浸信會，1989年），頁45-46，記徐牧於一九六二年至一九六六年為義務會牧，自一九六六至一九七五年為主任牧師。

26 楊天保、謝振治：〈徐松石著作事跡編年考略（1899-1999）〉，《田野與文獻》第44期（2006年），頁20-22；香港華人基督教聯會，成立於一九一四年，為香港首設華人教會聯合組織，參〈香港基督教聯會〉，劉粵聲主編：《香港基督教會史》（1941）（香港：香港浸信教會，1996年，重刊），頁169-181；又參吳思源、李金強合編：《主恩永偕──香港華人基督教聯會百年史(1915-2015)》（香港：香港華人基督教聯會，2018年），頁108-142。

研究院董事。[27]

此外，就文字事工而言，較著者如繼續前此基督教本色化的論述，出版《基督教與中國文化》、《基督眼裏的中華民族——宗教比較學研究》（兩冊）、《主愛中華等》等書。上述各書論述基督教與儒、釋、道之間關係和比較，進而建立中國本色教會。其撰著目的在於「使基督教生根於中國文化環境而同時在中國產生簇新的文化，最後的目標，只在令人靠主得救而已」[28]，為基督教本色化作出了貢獻。然更值得注意者為徐牧任職浸信會出版社時，修訂及出版美南差會女傳教士吳立樂（Lila Watson, 1892-1980）：《浸會在華佈道百年史略》一書，並編輯及出版五輯《華人浸信會史錄》。前者為縷述英、美、瑞典浸信會傳教士在華宣教的活動及成果。後者為保存浸信會來華開教及其發展的文獻，包括大陸地區史述，港澳地區、臺灣地區、海外華人地區的會堂史，以及先賢傳略，為浸信會入華一百三十五年間（1836-1971）之歷史留下重要記錄，下開華文浸信會史的研究。[29]

四　史地研究

就史地研究而言，徐牧於傳道之餘，不忘民族史研究，而其研究緣起，正如徐牧所說：「作者祖籍粵東新興（客家）而分居梧郡，因為女性祖系的遺傳藐躬有深穠的僮（壯）族血液流貫著，引為生平無上的榮耀」。[30]而徐氏

27 徐松石：《歸主六十五年》（香港：尖沙咀浸信會，1999年），頁4、6；龐濟燎：〈徐松石教育觀的歷史嬗變〉，《桂林師範高等專科學校學報》第27卷第3期（2013年），頁58-61；吳宗文：〈佳美腳蹤——徐松石牧師學案初述（二）〉，《基督教週報》第1822期（1999年7月25日），「文林」，謂徐牧講道及教學方法，猶如老學究吟詩作對一樣，搖頭擺腦，講一句嘆幾聲地長嗟一番。

28 徐松石：〈序言〉，《基督教與中國文化》（香港：香港浸信會出版社，1962年），頁3。

29 徐松石：〈序言〉，《華人浸信會史錄》（香港：浸信會出版社，1972年），第1輯，頁3-4；何慶昌：〈二十世紀浸信會會牧——徐松石的生平與思想〉，《近代中國基督教史研究集刊》第5期（2002/2003年），頁88-94。

30 徐松石：〈粵江流域人民民史跋〉，《徐松石民族學文集》（桂林市：廣西師範大學出版社，2005年），上卷，頁225-226。

家族，如前所述，世居蕉嶺、新興，以至容縣，皆屬嶺南，於先秦時代為壯族先民——越族生息之地。故徐氏自覺其客家祖輩乃與越人通婚之後裔。[31]恰為印證前述房學嘉主張——客家乃中原漢人與古越民融合而成之論。正因為其所屬客家，世居嶺南，徐牧「對於粵江流域古代史地的研究，早已發生興趣」。於上海寓居時，始對嶺南史地搜集材料。繼而於一九二七年至桂北旅行，一九三五年二次赴桂邊旅行，於南寧及左右二江流域，實地考查，至一九三八年春前赴西南佈道，在廣東南路旅行後，又入廣西、貴州、湖南，深入傜山、苗山和僮人區域。[32]透過文獻及實地調查，為其嶺南民族史研究，打下基石。此後發表《粵江流域人民史》（1938）、《泰族、僮族粵族考》（1946）、《東南亞民族的中國血緣》、《日本民族的淵源》、《百粵雄風，嶺南銅鼓》和《華人發現美洲考》等書，[33]確立其對我國民族史研究之貢獻。日後由中山大學歷史系蔡鴻生、陳春聲兩教授及東南亞研究所董事詹益邦合作，將徐牧所著前五書合刊而成《徐松石民族學文集》一書，此其著述深受學界重視之故。其間又於一九六〇年，與宋哲美教授合創東南亞研究所，出版專刊、學報、年鑑，推動東南亞史研究。至美國後，又從事探究中國發現美洲的史事考源，出版專著。綜觀徐牧之著述，除透過書本的考證、傳說的採集和語言風俗的比較外，更透過「地名研究考證法」，進行探析我國古民族的起源及遷徙的史蹟，[34]指出滇越兩廣的粵江流域，乃古僮族生息之地，該族原為中原漢族南遷而成，為純粹漢胄，並非少數民族，具有綿延的歷史。日後且播遷至印支半島，演變而成東南亞之馬來人、小泰族、撣族。[35]

---

31 張聲震：〈序〉，《徐松石民族學文集》（桂林市：廣西師範大學出版社，2005年），上卷，頁3-4。

32 徐松石：〈粵江流域人民史序〉，《徐松石民族學文集》（桂林市：廣西師範大學出版社，2005年），上卷，頁5。

33 徐松石：《歸主六十五年》（香港：尖沙咀浸信會，1999年），頁6。

34 覃乃易：〈徐松石「地名考證法」及其對民族學的貢獻〉，《廣西民族研究》第1期（2006年），頁134-140，此乃以地理推測歷史，乃用地名證實古民族彼此關係，如透過對華南地名「那」、「都」、「思」、「古」、「史」等字的考證，說明古民族遷徙情況。

35 徐松石：〈粵江流域人民史序〉，〈泰族、粵族、僮族考〉，《徐松石民族學文集》（桂林

又利用中日神話的比較研究，提出中日兩國民族同源，至漢代，因朝廷用兵閩、浙，當地越民族遂東移日本。[36]其後又提出中國古籍中「鳥田」一詞，乃東南沿海我國的古先民，日後流移至東南亞以至美洲，從而說明中國民族及文化的流移海外，深受學界重視。而其出版《華人發現美洲考》、《華人發現美洲概論》（1996）等書，指出印第安人與華人多有類似，此乃古代黃河水患，華人避災遷徙美洲之故。徐牧民族史學探源的研究，由是傳世。[37]

五　結論

出身於旅滬廣東浸信會的徐松石牧師，為二十世紀中華浸信會的名牧及著名民族史專家，早已引起學者之關注，然多就其本色化神學及民族史研究之貢獻著墨。[38]然並非出身客家方言教會之徐牧，屢言其祖籍客家，世居嶺南。故本文即就此切入，以客家牧師論述其生平事功與其客家血緣之關係。

市：廣西師範大學出版社，2005年），上卷，頁201-208；溫呈祥：〈在世俗與宗教之間——知識分子徐松石研究〉（桂林市：廣西師範大學中國近現代史碩士論文，2009年），頁28-31。

36 徐松石：〈日本民族的淵源〉，《徐松石民族學文集》（桂林市：廣西師範大學出版社，2005年），上卷，頁555-560；溫呈祥，〈在世俗與宗教之間——知識分子徐松石研究〉（桂林市：廣西師範大學中國近現代史碩士論文，2009年），頁31-33。

37 徐松石：〈自序〉，《徐松石民族學文集》（桂林市：廣西師範大學出版社，2005年），上卷，頁22-26；吳宗文：〈佳美腳蹤——徐松石牧師學案初述（三）〉，《基督教週報》第1823期（1999年8月1日）；溫呈祥，〈在世俗與宗教之間——知識分子徐松石研究〉（桂林市：廣西師範大學中國近現代史碩士論文，2009年），頁34-35，指出華人與印第安人兩族，於習俗上殊多相同，如喜玉石及死者含玉，土丘，善觀天象，喜愛蹴鞠及投骰遊戲等。近日Gavin Menzies研究鄭和，聲稱鄭和發現美洲，時間雖有不同，但同屬華人發現美洲的著述，並引起注意及爭議，參Gavin Menzies, *1421: The Year China Discovered America* (New York: William Morrow, 2003) 一書。

38 賴品超，蘇遠泰：〈自北徂南、由大陸至邊緣：徐松石的本色化理論的轉變〉，李金強、吳梓明、邢福增：《自西徂東——基督教來華二百年論集》（香港：基督教文藝出版社，2009年），頁507-524；黃錚：〈教師．牧師．學者徐松石〉，蔡鴻生：〈序言〉，張聲震主編：《徐松石民族學文集》（桂林市：廣西師範大學出版社，2005年），上卷，頁8-21。謂廣西學界於二〇〇五年舉行徐松石誕辰一〇五週年學術研討會。

就此而論，客家開山學者羅香林及後繼之研究，均明確指出客家原屬中原漢人，於朝代交替動亂，南移至閩、贛、粵三省交界定居，並與當地原住民古越族通婚結合而成。及至明清之際，再因政治動亂及客家移民與本地住民出現客、土之爭的社會矛盾，屢見遷移，出現「離心式移民」，而徐牧家族亦即在此一時勢下，由廣東嘉應州及肇慶府，南移至廣西容縣。然無改徐牧之認祖歸宗之客家族群本性。

就此而論，以本文所論徐牧之傳道與民族史研究之生平事功，均見其客家族群本色。就生平、傳道而言，徐牧原籍廣西容縣，就學港、滬、美國，於上海任職浸會印書局、崇德女子中學，及牧會旅滬廣東浸信會，任教滬江大學。其後南下香港，牧會尖沙咀浸信會，再行移民美國，任職三藩市自立浸信會顧問牧師，於世變中遷徙流離中事奉教會。就民族史研究而言，注目粵江流域之兩廣、雲貴，著眼南方苗、傜、僮、黎等少數民族，透過「地名研究考證法」，爬梳各族之移民歷史，指出各族非但為南方土著，且為先秦漢族苗裔，皆屬純粹漢人，同種同族，此點尤為重要。繼而研究我國東南地域之鳥田人，發現皆為中國古民，遷移東北亞，東南亞以至美洲。由此可見其生平、傳道及民族史研究，皆顯見客家族群秉承天生中原華裔之特性，並具流離遷移之精神及身影。故出身浸信會之名牧徐松石，雖非出身及牧養客家教會，卻宜將其標立為客家牧師。

蘇佐揚牧師

（1916-2007）

第九章

內地會華牧

——蘇佐揚牧師（1916-2007）的生平及傳道

近代中國基督教來華傳教，以沿海沿江通商口岸為其起點。及至戴德生（James Hudson Taylor, 1832-1905）於一八六五年出版《中國：它的屬靈需要與要求》（*China: Its Spiritual Needs and Claims*）一書，鼓勵信徒前赴中國內地宣教，繼而組織一新的「信心差會」，務求「將福音傳遍中國」。此即內地會（China Inland Mission）之創設。該會隨即展開對華的宣教事工，由是拓展中國「本部」工場至西北、西南地區及「藩部」蒙古、新疆、西藏一帶，福音由是遍傳中華大地。[1]其中清季西北甘肅一帶，亦為蒙民、藏民、回民聚居之地，傳教士最為關心，故有內地會傳教士義士敦（George F. Easton）及巴格道（George Parker, ?-1931）等於一八七六年首拔頭籌，於蘭州開教。隨之而來則為宣道會（Christian and Missionary Alliance）[2]及內地會系差會——協同會[3]之傳教士。基督教由是得以開展於甘肅、寧夏、青海一帶

* 本文獲蘇美靈博士提供資料，謹此致謝。

1 蔡錦圖：《戴德生與中國內地會1832-1953》（香港：建道神學院，1998年），頁44-45。

2 羅腓力編著：《宣道與中華：宣道會早期在華宣教史略》（香港：宣道出版社，1997年），頁34-35；黃彩蓮：《福音在南陲——浸信會與宣道會在廣西的傳教與事工1862-1945》（香港：浸信會出版社，2004年），頁65-68。原屬美國長老會的傳教士宣信（A. B. Simpson,1843-1919）於一八八七年成立基督徒同盟會（Christian Alliance），至一八八九年又成立國際宣道聯會（International Missionary Alliance），分別支持北美及海外佈道。於一八九七年將二者合併為宣道會，尤重對華傳道，並依照內地會方針，選擇偏遠地區宣教。以廣西宣教，成果最著。

3 蔡錦圖：《戴德生與中國內地會1832-1953》（香港：建道神學院，1998年），頁138-143，內地會系差會乃加入該會成為夥伴（associates）關係的差會，主要來自北歐，接受內地會的指揮，然自負經費及自理工場。協同會即為其一，該會乃由僑居北美的瑞典

的事工。其工場兼具對漢人及對回民宣教的穆宣事業。從而引致中外學者對西北地區基督教傳教史之研究。[4]蘇佐揚牧師於抗戰勝利前後，遠至西北傳教，出任由內地會、宣道會及協同會合組的「西北基督教聯合會」總幹事一職，負責西北教區巡視事務，其後又至上海內地會任職文字事工。本文即就此研究蘇牧的生平及其於西北、上海的傳道經歷，藉此為民國時期內地會傳教史提供一項個案。

一　戴德生與內地會的傳教模式

被譽為新教「羅耀拉（Ignacio de Loyola, 1491-1556）」及「信心差會」之父的戴德生，來華創立內地會。以基要派（Fundamentalism）神學思想，開創在華傳教事業，與英國浸信會之李提摩太，同為近代中國傳教史上標立具有「典範」傳教方法的傳教士。故戴德生與內地會之研究，尤受中外學者關注。[5]戴德生出生於英國約克郡的邦士立鎮（Barnsley, Yorkshire），屬循道會的宗教世家，曾祖父戴雅各（James Taylor, 1749-1799）及曾祖母姜貝娣（Elizabeth Johnson）均屬循道會會友。戴雅各且與該會創始人約翰・衛斯理（John Wesley, 1703-1791）私交甚篤，關係密切，並成為邦士立鎮的首位傳道。眾所週知，約翰衛斯理立會之初，即強調性靈復興及福音普傳，掀起英

及挪威人士所組成，故又稱北美瑞挪會（Scandinavian Alliance Mission）。成員具有信義會、浸禮會、公理會及監理會等宗派背景。

4 湯開健、曾金蓮：〈中國西北地區天主教及基督新教史研究現狀與史料〉，《西北民族研究》第4期（2011年），頁103-121；吳劍麗：《夾縫中的少數派——基督新教在甘青地區的穆宣事業》（香港：建道神學院，2015年），頁4-12。

5 Paul Cohen, 蘇文峯譯：〈戴德生與李提摩太宣教方式之比較〉，林治平主編：《基督教入華百七十年紀念集》（臺北市：宇宙光，1977年），頁83-107；李楠：〈回顧與前瞻：30年來中國內地會史研究〉，《宗教學研究》第2期（2015年），頁212-219。；國內對內地會研究日漸增多，並重視史料發掘，與港、臺兩地研究之比較，參陶飛亞、戴婉琦：〈近年來大陸中華內地會研究綜述〉，林治平、吳昶興主編《跨越三個世紀的傳教運動（1865-2015）：內地會來華一百五十年宣教論文集》（臺北市：宇宙光，2016年），頁49-90。

國教會史上的宗教復興運動。此後其祖父戴約翰（John Taylor, 1778-1834），父親戴雅各二世（James Taylor II, 1807-1881），相繼事奉教會，其父且期待新生長子戴德生奉獻至中國傳道。由此可見，戴德生自幼即成長於循道會重視靈性及宣教的宗教氛圍中，此為其日後成為基要派及決志奉獻宣教中國之其來有自。自十七歲起決志奉獻來華宣教，始讀倫敦傳道會早期來華傳教士及首開上海工場的麥都思（Walter Henry Medhurst, 1796-1852）所撰 *China: Its State and Prospects*（《中國：現況與展望》）一書，深受其藉醫療傳道方法所吸引。隨即又加入「中華傳道會」（Chinese Evangelization Society），於一八五三年九月十九日遂受差派來華宣教，繼抵上海，開始其一生在華宣教的事工。初於江、浙一帶巡迴佈道。繼與英國長老會傳教士賓惠廉（William Chalmers Burns, 1815-1868），前赴汕頭宣教。然遭遇排拒，未見成效。最終戴氏重返上海，至寧波一帶宣教。二次鴉片戰爭時戴氏染患肺結核，回國休養。至一八六五年創設內地會，確立其建立福臨中華全地的偉業。[6]

戴氏於一八六五年所創設之內地會，網羅歐美各宗派的傳教士，同心為福臨中華事工而獻身。內地會為一跨宗派的宣教團體，以廣傳福音為職志，而以仰望上主為信心，不靠募捐、舉債。只靠上帝感動信徒，按時奉獻，支持該會在中華大地所發展之事工。眾所週知，自兩次鴉片戰爭（1839-1842、1858-1860），清廷戰敗，簽約允准開放教禁，繼有保教條款，促使歐美天主教及基督新教得以重返中國及開拓宣教工場。其中基督新教宣教對象，多以沿海沿江省份為據點，相繼建立傳教事業。然西北、西南以及內陸省份，仍然為宣教之處女地。戴德生遂以此為其宣教目標，奮臂高呼，明言「假使我有千鎊英金，中國可以全數支取，假使我有千條生命，決不留下一條不給中國……。」（Had I a thousand pounds China should have it. Had I a thousand lives China should claim every one ……）。起而結合歐美傳教士及華

6　戴德生之生平及其創設內地會之差傳事工，可參Howard Taylor, 胡宣明節譯：《內地會創始人——戴德生傳》（香港：證道出版社，1970年）一書；戴牧來華傳教，始被立傳，見Alexander Wylie, *Memorials of Protestant Missionaries to the Chinese* (Shanghai: American Presbyterian Mission Press, 1867), p. 223.

人教牧、助手，奮起為基督。就戴德生領導內地會來華傳教的策略而言，乃以「基要派」的神學觀念為本，強調原罪，重視信徒屬靈的信仰生活。其次重視本色化的特質，故該會傳教士皆穿華服，習華語，言行舉止倚靠神，以禱告為日常生活之南針。並且採行巡迴佈道方式，肯定其較醫療、教育等間接傳教方式更為有效，故能接近廣大中國農村社會。該會所派遣傳教士，走訪各地村落，並在本地助手協助下，沿途販賣聖經及宗教書籍，舉行街道佈道方式，吸納信徒，進而建立佈道所（Mission Station），及傳教站（out-station）。並且開設學校與醫療機構，尤重起用女傳教士進入內地傳教，此策略一度引起西方基督教會之爭議，然其傳教方法，顯示該會具有不斷「擴散」的態勢。[7]故該會傳教士足跡遍佈江蘇、浙江、福建、安徽、兩湖、山西、陝西、甘肅、四川、雲南、貴州、山東、直隸、河南以至西藏、新疆、內蒙、東北各地。促使福臨中華，成為事實。為清季民國歐美傳教士來華開拓傳教工場，寫下完美的句號。中華全境，由是大多沾恩。[8]一九二〇年代Milton T. Stauffer 主編的 *The Christian Occupation of China*（《中華歸主》）一書，書題最能表述此一見證。故無戴德生及內地會的宣教事工，中華歸主之「舉國大業」將無以完成。[9]（參附錄一）

就內地會入華宣教而言，林美玫將其劃分為三大階段。分別為：一、初創時期（1866-1874），乃由戴德生一人策劃，以浙江省為會務開拓地區。二、茁壯時期（1875-1890），隨著一八七六年中英馬嘉理案，簽署煙臺條約，規定英人得以進入甘、青、滇、藏一帶，內地會由是進入西北、西南各

---

7 蔡錦圖：《戴德生與中國內地會（1832-1953）》（香港：建道神學院，1998年），頁125-205。

8 內地會在華傳教的傳教、發展及成果，見"The China Inland Mission（內地會）," in D. MacGillivray, *A Century of Protestant Missions in China 1807-1907* (New York: American Tract Society, 1907), pp. 135-151; 並參林美玫：《信心行傳──中國內地會在華差傳探析（1865-1926）》（臺北市：花木蘭文化出版社，2009年），頁8-9、13。

9 Milton T. Stauffer, ed., 蔡詠春等譯：《中華歸主（修訂版）》（北京市：中國社會科學出版社，2007年），頁783、788，指內地會宣教地合共三九七九五五平方英里，為各差會之首，尤以庚子（1990）前十年間，內地會及其同系差會建堂，如雨後春筍地大量增加。

邊省宣教。三、轉變時期（1891-1926），組織更見健全，於英國、北美、澳洲設立分會，成為超宗派的跨國的「信心差會」，並重視教會之本色化。其差派來華傳教士，遍佈中華大地。傳教據點數目最多，占全國之百分之三十四。就此而論，內地會傳教士於茁壯時期，自一八七六年起於甘肅一省巡迴傳教，先後建立秦州（首設）、蘭州、寧夏（今名銀川，負責蒙民佈道）、西寧（在青海境內，負責藏民佈道）、涼州、洮州、慶陽、平涼、涇州等佈道所。並以甘肅為基地，進而開拓青康藏的傳教事工，並陸續開辦小學、醫療，推動本色化。據一九二一年初統計，內地會在甘肅中部及東南部宣教。而同系的協同會則於甘肅東部傳教。此外，尚有宣教方針相同之宣道會，則集中於西南部。內地會及協同會的宣教地約占全省百分之四十以上，而宣道會只占百分之十二。隨著甘肅傳教事業的發展，及至抗戰前後，再見新的景象，此即內地會、協同會與宣道會聯合事工之開拓。[10]

二　生平

蘇佐揚牧師，祖籍廣東省陽江縣，於一九一六年五月二十二日，出生於香港上海街，外祖父為廣東省陽江縣城中華基督教會的長老戴以信。蘇牧之父母，稍後移居香港謀生，並熱心教會事奉，故自少在教會中成長。六歲隨父兄聽道，喜誦金句，十二歲始學風琴，一年後已能背誦及熟彈《福音聖詩》二百二十首。十四歲開始作曲，撰寫聖詩及佈道文章，投稿於《愛群雜誌》，受知於雜誌社長宋經伯。時於名儒區建公所辦之建邦學院就學，研習國學，尤好詩文，故具音樂文學的基礎。繼而轉學九龍鑰智中學，喜好投稿報刊，開始其創作生涯。此為其日後從事文字及聖詩創作的由來。一九三二

---

10 Milton T. Stauffer, ed., 蔡詠春等譯：《中華歸主（修訂版）》（北京市：中國社會科學出版社，2007年），頁320-323；林美玫：《信心行傳——中國內地會在華差傳探析（1865-1926）》，頁83-84、120-122、131-134，頁136-137；並參陳聲柏：〈近代甘南地區的基督教傳播〉，《蘭州大學學報》（社科版），第35卷第1期（2007年），頁58-64。

年，著名奮興佈道家宋尚節（1901-1944）來港佈道，決志奉獻歸主。[11]

一九三四年，北上到山東滕縣華北神學院接受神學教育，[12]得識同學陳振虔，日後結為夫婦。畢業時為八年抗戰（1937-1945）之始，以撰文投稿比賽所獲獎金，冒著戰爭的危險，獨自至華北佈道，北上察哈爾張家口參加宋尚節主持的佈道會，負責彈琴。其後又至山西、陝西、河南三省之鄉村城鎮的教會，巡迴佈道，主領查經會及靈修會。[13]繼而南返香港，是為國內佈道之始。一九四〇年，重回母校，協助編譯希伯來文字典和教授音樂，翌年至天津靈工團，教導女學生讀希伯來文。並與陳振虔在天津結婚。婚後，夫婦同返香港，在伯特利神學院任教聖經。[14]

及至一九四一年太平洋戰爭發生，日本占領香港（1941-1945），與妻子回國，至福建避難，創辦《天人報》，為文字佈道之始。翌年至貴州伯特利神學院任教。一九四四年，北上重慶南山中國基督教靈修院任教。與賈玉銘牧師（1880-1964）成為同工，二人同感聖詩本色化之重要。共同編印華人

11 蘇佐揚：〈童年及青年蒙恩回憶錄〉，《蒙恩的腳蹤》（香港：基督教天人出版社，1978年），下集，頁280-284。《神人宋尚節，1901-1944》（香港：基督教天人出版社，1958年），頁11，蘇牧謂宋尚節「領導我走上奉獻的道路」；宋尚節在香港便以利會、循道會及合一堂講道，掀起信徒靈性，見宋尚節：《失而復得的日記摘抄》（香港：宣道出版社，2006年），頁157-158；蘇牧即在便以利會聽道。

12 華北神學院乃由山東長老會支持成立，為二十世紀上半葉中國著名神學院，學生人數最多，被視為培訓基要主義教牧的大本營。首任院長赫士（Wastson Hayes, 1882-1941）屬美北長老會，促使該院成為「基要派的基石」，尤重推動福音傳道的事工，該校任教者以丁立美（1871-1936）及賈玉銘兩人最為著稱。見Kevin Xiyi Yao, *The Fundamentalist Movement among Protestant Missionaries in China 1920-1937* (New York: University Press of America, 2003), pp. 139-182.並參趙曰北：《歷史光影中的華北神學院》（香港：中國國際文化出版社，2015年），頁77-115；賀愛霞：〈一位久被忽視的中國教育神學者——赫士博士〉，《近代中國基督教史研究集刊》第11期（2019/2020年），頁36-55。

13 蘇佐揚：〈童年及青年蒙恩回憶錄〉，《蒙恩的腳蹤》，頁284-286；《神人宋尚節，1901-1944》（香港：基督教天人出版社，1958年），頁11、17。蘇牧自一九三五年起，始於徐州為宋尚節司琴。又華北佈道為其國內佈道第一圈，其經歷，見所撰《蒙恩的腳蹤》，上集，頁3-74。

14 此為國內佈道第二圈，從廣東到山東，參《蒙恩的腳蹤》，上集，頁75-96。

信徒作曲作詞的《天人聖歌》。抗戰勝利後，又遠赴西北出任「甘寧青基督教聯合會」的總幹事，負責在西北甘肅一帶巡視教會，推動各種聯合事工。一九四七年於甘肅被按立為牧師。其後，與妻女回到上海，任職內地會文字佈道事工。一九四九年初回港，結束了國內的佈道。[15]

一九五三年，開始從事海外自由佈道，以其內地會服務之經驗，遂學效成為信心宣教士，直至一九六一年，前後八年。以遠東佈道為先，前往日本、星馬、新幾內亞、澳洲、菲律賓、北婆羅洲、砂拉越、泰國、越南、韓國及印尼等十三國巡迴佈道，向各地華僑講道。更對日、韓、菲、印尼、泰、越、緬、澳洲、澳洲原住民、新幾內亞土人等多種民族，傳講福音。自一九六二年起，展開環球佈道之旅，足跡遍佈歐美各國，主持奮興佈道會。並至美加之教會、神學院、大學、中國留學生查經團契講道。聽道信徒者眾，為海外教會帶來復興。與此同時，蘇牧先後在港創辦天人神學院（1965），並在臺北設分校，培訓來自世界各地的學生，鼓勵學生在海外成立自立、自養、自傳的三自華人教會。又創立環球佈道會（1970），推動海外佈道事工，遂至中南美洲華人教會佈道，鼓勵巴拿馬華人信徒成立教會。[16]

一九七六年，從美洲回港後，專心從事文字事工，出版一系列有關聖經研究及新舊約的釋經叢書，包括《聖經難題》（10集）、《默想聖經》（8集）、《原文解經》（4集）、《經外作品》、《默想以賽亞》、《經外作品》、《舊約精研1-3集》和《詩篇綜讀1-3集》等。[17]其中值得注意者，為一九四三年蘇牧夫婦逃避戰亂，至漳州進德女中任教，為求幫助學生靈性，創刊《天人報》，

---

15 蘇佐揚：《神人宋尚節，1901-1944》（香港：基督教天人出版社，1958年），頁18-20。與妻子自港回閩之艱辛，又先後入桂、滇、川之經歷，均參《蒙恩的腳蹤》，上集，頁96-144。蘇牧在靈修院任教，該院由於戰時因素，獲華北神學院，佈道十字軍加入，聯合辦學。教師有賈玉銘、袁玉英、美國何賡詩、陸璇教士等人。參蔣文惠：〈深切懷念蘇佐揚牧師〉；毛仰三：〈緬懷蘇佐揚牧師，我敬愛的靈性導師〉，《懷念蘇佐揚牧師》（香港：天人社，2008年），頁35、94-99。

16 謝詩詠：〈二十世紀華人佈道家蘇佐揚牧師〉，《近代中國基督教史研究集刊》第7期（2006/2007年），頁77。

17 〈蘇牧師著作一覽表〉，《懷念蘇佐揚牧師》（香港：天人社，2008年），頁101-105。

採取小報形式，至一九六一年改稱《天人之聲》，以季刊雜誌形式，出版至今，該刊由國內而國外，寄贈海外五十餘國。[18]造就了世界各地華人信徒的靈性，實為近代中國華人基督教刊物本色化及自立發展的亮麗典範。此外，蘇牧所創作的《天人短歌》約六百首及《天人聖歌》二百餘首，深受華人信徒及教會之喜愛，並被譯唱多國語言，蘇牧無疑為二十世紀中文聖詩的重要推手。踏入老年，較少往海外佈道，唯於一九九四年九月二十二日，七十八歲高齡時，仍應非洲埃及自由衛理公會之邀請，到埃及佈道四十三日。鼓勵埃及人組織「埃及海外佈道會」，將來差遣宣教士，至全球各地傳福音。晚年雖然雙眼患上白內障，仍勤於筆耕，繼續以文字向全球讀者佈道，主編《天人之聲》、出版新書及創作聖詩。直至二〇〇七年伏案寫稿時，被發現暈倒家中，其後進出醫院，至同年九月二十七日告別人世，十月二十日舉行安息禮拜，安息主懷。蘇牧師育有一子四女，子百良已逝；四女為美靈、加靈、德靈、愛靈。長女美靈曾任香港浸會大學生物系主任，退休後主編《天人之聲》，女承父業。[19]

三　西北、上海傳道（1945-1948）

蘇牧自一九三四年北上，至山東華北神學院就學，至一九三七年抗戰爆發時畢業，展開其國內第一圈至華北佈道（1937-1938）。繼而南返香港工作（1938-1940），至一九四〇年則為第二圈重返山東母校任職，又回港至伯特利神學院任教（1940-1941）。至一九四一年香港淪陷，遂於翌年離港，由東南至西南，即經粵東，入閩停留，再於一九四三年七月由湘桂入貴州，重返遷校至此的伯特利神學院任教，繼至重慶中國基督教靈修院任教，是為第三圈（1941-1945）。此一階段於重慶，與名牧賈玉銘為同工，講授神學。賈牧

---

18 〈為天人之聲進入100期感恩〉，《天人之聲》第200期（2009冬），頁1；〈歡迎投稿〉，《天人之聲》第215期（2013秋），頁48，每期印數為七〇〇〇餘份。

19 李志剛：〈悼念尊敬的蘇佐揚牧師〉，陳禮強：〈出席蘇佐揚牧師安息禮拜後記〉，《懷念蘇佐揚牧師》（香港：天人社，2008年），頁8-9、11-14、25-26。

除以神學著稱外，並擅長創作聖詩，被譽為「靈性超群的解經家」。[20]其時二人常合作，賈牧作詞，蘇牧作曲，由是深交。並計劃編刊由中國基督徒創作的《天人聖詩》。其時蘇牧之華北神學院同學張蒙恩牧師，時於甘肅蘭州牧會，並參與成立甘寧青基督教聯合會，決定邀聘蘇牧，出任總幹事，負責巡視及聯絡甘肅、寧夏、青海三省的教會。蘇牧遂於抗戰勝利之際，前赴西北，出任此職，是為其國內佈道第四圈。蘇牧謂此乃「西北馳騁錄」。遂結束於重慶中國靈修院半載的教學工作。先至重慶九塊橋內地會住宿，蒙該會主任李既岸牧師招待。一九四五年中由四川出發，經陝西，進入甘肅蘭州，展開其事奉西北教會的傳道事工，[21]由是與內地會結下因緣。

蘇牧所任職的甘寧青基督聯合會，乃於一九四四年三月二十四日創立。三省合計有一〇五縣，其中四十五縣具有教會七十餘處。三省教會分屬內地會、協同會及宣道會。時內地會之教區分佈於隴南、蘭州、河西、寧夏、青海等區，共有四十餘所教會。宣道會則在甘南區（甘肅西南一帶），共有十餘所教會，而協同會則在隴東區，亦有十餘所教會，三差會合組聯會，目的在於加強聯絡，並對付異端攪擾。及至一九四六年陝西南部教會，亦告加入此聯合會，因此改稱為「西北基督教聯合會」。而蘇牧出任此一聯會的總幹事和輔導團的團牧，其職責乃至西北四省甘、寧、青、陝，巡視教會及推進聯合事工。[22]此外由於擔任輔導團團牧，而蘇牧時尚未被按立，故於一九四七年六月，由聯會創會長張蒙恩及霍超然兩位牧師為其按立。[23]（附錄二）

20　查時傑：〈賈玉銘（1880-1964）──靈性超群的解經家〉，《中國基督教人物小傳》（臺北市：中華福音神學院出版社，1983年），上卷，頁114-120。賈牧曾任華北神學院副院長，除出版《神道學》一書，風行一時。此外尚出版《靈交詩歌》（1930），《得勝詩歌》（1938），《聖徒心聲》（1943）等聖詩集。

21　蘇佐揚：《蒙恩的腳蹤》，下集，頁176-181。

22　蘇佐揚：《蒙恩的腳蹤》，下集，頁189-190。吳劍麗：《夾縫中的少數派──基督新教在甘青地區的移宣事業1878-1951》（香港：建道神學院，2015年），頁127-133，三會早於一九一八年籌組一個聯合會議（United Missionary Conference of Kansu）。於蘭州博德恩紀念醫院，召開聯合會議，計劃向「未得之地」（Unoccupied Areas）宣教，三會達成默契，以禮讓安排（Comity arrangements）分配工作。

23　蘇佐揚：《蒙恩的腳蹤》，下集，頁190；李亞丁：〈張蒙恩（1912-1990）〉，〈霍超然

以下分別說明其於四省巡視及傳道事工之概況。

蘇牧於一九四五年七月一日由重慶去蘭州，歷經十一天抵達蘭州。首先參加蘭州基督教會的青年夏令營會，於黃河當中的雁灘聚會。[24]為其巡視甘寧青陝教會事工之始，遂以蘭州為基地，四出巡視及佈道。

(1) 秦州天水教會（1945年8月5日至8月13日）（附錄三）

此為內地會傳教士義世敦於甘肅建立第一個傳教站，以此為據點，藉巡迴佈道，發展甘青寧的傳教事業。一八七九年首先租得秦州市內北關大街房屋，設賓館以傳道，並由巴格道夫婦駐守當地。至一八八五年開展至蘭州，巴氏夫婦調往當地，發展事工。一八九五年以蘭州為總部，主理甘肅和西安的教會事宜。至二十世紀後，該會始對穆民宣教。一九三〇年該會傳教士宋得時（William Arthur Saunders）來華，派駐附近穆斯林聚居的清水縣，透過街頭宣講及在市場支搭帳篷對穆民傳教。[25]

蘇牧於八月五日抵達秦州北關天水教會，入住內地會外國宣教師的住宅，獲宋得時牧師夫婦及艾牧師夫婦熱情款待。隨即展開領會傳道，每天聚會三次，早晨禱告會，上午查經會，下午訓練聖歌團，晚上則有復興會。並於禮拜時教唱其所作的〈大山可以挪開〉，載於《天人短歌第一首》（附錄四），又謂聚會人數不少。期間由艾牧師的無線電收音機廣播，得悉日本投降，八年抗戰終獲勝利，全民皆大歡喜。隨即返回蘭州，再赴平涼視察。[26]

（1911-1991）〉，《華人基督教史人物辭典》，（http://www.bdcconline.net/zh-hant/stories/by-person/h/huo-chaoran.php），擷取日期2015年11月5日。張蒙恩牧師於山西之太原、西安牧養教會，後至蘭州發展，為西北基督教聯合會副會長。霍超然牧師就讀開封聖經學院和華北神學院，先後於開封神學院及西北聖經學院任教，於一九四四年應西北基督教聯合會之邀，至西北佈道，並籌建西北靈修院及出任院長之職，為西北地區名牧。

24 蘇佐揚：《蒙恩的腳蹤》，下集，頁188-189。

25 吳劍麗：《夾縫中的少數派——基督新教在甘青地區的穆宣事業1878-1951》（香港：建道神學院，2015年），頁49-53、158-161。

26 蘇佐揚：《蒙恩的腳蹤》，下集，頁191-193。

（2）巡迴隴東教會

平涼教會（1945年8月30日至9月3日）。內地會於一八九五年在平涼設立傳教站，而其屬會協同會則於一八九五至一八九七年間，先後在涇州、平涼、鎮原、靜寧建立傳教站。及至二十世紀，又於崇信（1905）、固原（1922）及西峯鎮（1920）建立傳教站，全屬甘肅的東部地帶。[27]此為其時蘇牧所視察之隴東教會。

蘇牧於其記述中，首先指出平涼的傳教地位，為「西安到蘭州的中心據點」，並謂協同會在當地東街「築了……偉大的禮拜堂，堂作十字形，房頂作圓形，……堂內可容八百至千人」，並於西街設外國人住宅，兩者合共二十餘畝。可惜因戰事，外國教士離開，用泥土堵塞各門房。此外，當地教會辦有小學一間及美華醫院，但後者已見停辦。蘇牧在平涼共住五天，於禮拜堂，每天開會兩次，早晨禱告會，下午講道會。蘇牧指平涼教會，因洋教士疏散，故當地教務不振，其以順口溜說明之，說「興平會講道，藍田愛禱告（以上兩縣在陝西），天水唱得好，平涼光睡覺」[28]，九月三日國民政府明令該日為抗戰勝利紀念日。蘇牧至鄰近安口窰，於當地信徒王成元家中，舉行聚會四天（9月4至7日），計共七次。該地製造磁器，共有三千多家庭，人口三、四萬人，擬建禮拜堂，獨欠一傳道，蘇牧認為乃一可發展之工場。臨行前為當地教會作一副對聯，以安口二字為首，即「安居樂業感謝神，助中華勝利；口唱心和讚美主，賜世界太平」，對抗戰勝利及當地教會之期盼，溢於言表。[29]

涇川（涇州）教會（9月10至13日）。設有禮拜堂及外籍傳教士及傳道住宅，然外國傳教士亦已離去，其時該會由劉秉德任傳道，退休電報局長李恆生協助傳道事宜。當地尚有耶穌家庭的信徒，於東關設禮拜堂，由王正和長

27 吳劍麗：《夾縫中的少數派——基督新教在甘青地區的穆宣事業1878-1951》（香港：建道神學院，2015年），頁58、64、139。

28 蘇佐揚：《蒙恩的腳蹤》，下集，頁194-196。

29 蘇佐揚：《蒙恩的腳蹤》，下集，頁196-197。

老負責傳道。蘇牧於此地停留四天（9月10日至13日），舉行八次聚會，並勸勉涇川教會及耶穌家庭共同合作傳講福音，而獲首肯的回應。其間協同會衛淑菁女傳教士，為祖籍瑞典的美國人，當地人稱之為「產科聖手」。於抗戰時期，單獨留下宣教。邀蘇牧至「漢將李廣故鄉」鎮原之教會舉行聚會（9月17至19日），每天三次，獲得五位與會者受洗，晚聚會亦有數位立志傳道。[30]隨即前赴慶陽縣西峯鎮、董志城、蕭金鎮教會巡視。

西峯鎮福音堂（9月20至23日）。牧會者為西牧齊德，齊牧為美籍挪威人，差會接濟斷了，仍留守傳教。執事為劉定邦，受薪。該地設有禮拜堂，可容納百餘人。當地尚設有師範學校一所，衛生院一間。院長石新寰與夫人彭女士，皆為教會中堅。於此聚會三天，分早（上午十時），午（下午四時）兩堂，信眾曾唱蘇牧所作的〈天人短歌〉數首。「這次我又教了幾首短歌，把風琴奏起來，他們學得格外興奮，精神百倍」。[31]

董志城教會（9月24至25日），原為縣城，後西峯及蕭金二鎮興起，取而代之。當地設有小學一所，聚會於小學禮拜堂，面積甚小。傳道為王生輝，接受過聖經學院的訓練。蘇牧於此講道兩天，合講道五次。然信徒熱心，赴會者眾。王生輝之二子福音，且表示願意入讀聖經學院，奉獻傳道。蘇牧又謂「以前協同會所造就的一班傳道人，現在一個都不見了」。並認為聯合會及各堂會，有責任發掘及培植教會人材。[32]

蕭金鎮教會（9月26至28日）。由傳教士創立，曾開設女校。今由郭師娘任傳道，熱心為主。該會有姊妹二百餘人，由郭師娘至各處探訪姊妹。蘇牧在該會三天，每天三次聚會。蘇牧認為該堂獨欠一男傳道。故蘇牧以〈奉獻的三思〉為題講道，建議信徒奉獻子女傳道。[33]

固原教會（10月5日至9日）。於南間設有福音生活醫院及佈道所。院長

---

30 蘇佐揚：《蒙恩的腳蹤》，下集，頁198-203。

31 蘇佐揚：《蒙恩的腳蹤》，下集，頁205-207。

32 蘇佐揚：《蒙恩的腳蹤》，下集，頁207-209。

33 蘇佐揚：《蒙恩的腳蹤》，下集，頁209-212，〈奉獻的三思〉講章，載於蘇佐揚：《時代真理》（香港：基督教天人出版社，1964年），頁68-74。

為鄭約翰，佈道所之教牧為李得勝會長。二人為固原教會之「兩根柱子」。固城縣另有禮拜堂，在縣府街儘西頭。蘇牧分別於佈道所及禮拜堂聚會，共五天，每天兩次，早上禱告會，晚上講道，反應良好。[34]

上述蘇牧在平涼、涇川、鎮原、西峯鎮、董志城、蕭金鎮、固原，皆屬協同會在隴東所成立之教會，一一巡視，努力宣講聖道，詠唱其所作之聖詩，克盡牧職。

（3）寧夏銀川教會（10月10日至17日）及陝西、甘南教會（1946年4月16至22日）

蘇牧於巡訪隴東教會後，遂入寧夏省。以自購的自行車，完成其旅程至寧夏省城銀川。「此城以賀南（蘭）山作屏障，以黃河為腰帶，長城在前在後環繞」，有「塞上天府」之稱。為甘寧青基督教聯會寧夏區辦事處所在。該會牧師為孟昭翰。聚會共八天，每天講道兩次，並參加區會之年會議事兩次。提出加強聯絡，「抵抗滲人西北教會的種種異端」。蘇牧於銀川教會領會完畢後，遂回蘭州，中途再經平涼教會，又領會八天（10月28日至11月4日）。綜觀此次巡視隴東及寧夏各教會，蘇牧認為「西北到處都有羊無牧，心中非常難過」。[35]

巡迴陝西、甘南教會。蘇牧回蘭州後，於一九四六年，與內地會主任艾牧師到蘭州區鄉村教會巡視，又出席聯合會年會。其間因陝西南部及中部的內地會加入，甘寧青聯合會擴充而成「西北基督教聯合會」。大會遂派蘇牧走訪陝中（指渭水及隴海鐵路一帶）教會。至扶風，參加陝中基督教聯合會籌備會，並為扶風教會講道（1946年4月16日至18日），每天兩次。期間與從澳洲來的內地會宣教師穆福新牧師（Rev. Moore），及另一外國傳教士，彼此居住一起，同睡炕牀，同吃饅頭。隨即至鳳翔，住於西北聖經學院，講道五

---

34 蘇佐揚：《蒙恩的腳蹤》，下集，頁214-215。

35 蘇佐揚：《蒙恩的腳蹤》，下集，頁219-223。

天（4月18至22日），每天三次。於講道中，發出〈西北呼聲〉，呼召學生至西北傳道，拯救西北人海中的靈魂。繼至西安訪友，並到四浩莊之循理會探訪，並為該會主領靈修會。西安工作完畢後，隨即前赴寶雞、武功二地，以其蘇姓源自陝西武功，故至該地探訪老家，追查祖先之由來。繼而重返甘肅天水，開始巡訪甘南地區，轉至隴西，於當地教會領會，每天三次。由其領唱短歌，彈琴、講道。[36]

蘇牧在西北任職講道期間，益覺西北傳道人才的缺乏，故決定於蘭州創辦西北基督教靈修院，培訓教會人才，結果邀其華北神學院同班同學霍超然牧師，出任院長，蘇牧兼任教務主任。其時內地會總主任華福蘭會督，因上海總會擬設文字部，故邀蘇牧至上海，負責文字事工，蘇牧遂決定南下，開展其國內事奉的新事工。[37]

（4）上海內地會文字部之事奉

蘇牧在甘陝地區以總幹事一職，任事三年，負責巡視甘寧青聯合會下七個教區之各教會，協助及輔導各教會走上自立自養之路。其時西北地區，居民除漢人外，尚有蒙族、藏族及回民，前二者信喇嘛佛教，後者信奉回教。故蒙恩待拯救之省民，所在多有。然而西北工場之開展，困難重重。蘇牧指出：其一為教區遼闊，交通不便，例如蘇牧出門之交通工具，主要為牲口（驢子、馬匹），及坐膠輪車或鐵輪大車或自行車為主。然各地道路不修，行止困難，花在路上的時間不菲。故蘇牧認為非有汽車不足以收巡視輔導之效。其二則為教會人才缺乏，且薪資不足。此蘇牧建議成立西北基督教靈修院及發起「一家一兒奉獻運動」，期盼當地信徒奉獻子女傳教，使西北工場得以開拓。及至一九四七年五月得悉有義工接替其位，遂向聯合會辭職，於

36 蘇佐揚：《蒙恩的腳蹤》，下集，頁224-232；《星馬心影》（香港：基督教天人出版社，1954年），頁28。記一九五四年初與穆福新牧師重逢於吉隆坡，並謂在華內地會的男女傳教士，於一九四九年後大多移師南洋，故謂內地會已變成「南洋會」。

37 蘇佐揚：《蒙恩的腳蹤》，下集，頁238。

七月初首次乘搭飛機，南下上海內地會到任，開始其文字佈道之新事工。[38]

蘇牧於一九四七年九月一日正式上班，始任其「無聲傳道」之文字事工。就蘇牧從事文字事工而言，早於一九四三年，自香港至福建，於漳洲進德女子中學任教聖經時，早已自資出版《天人報》。至蘭州任聯合會總幹事時，再次復刊《天人報》，年印千份，成為西北流通的基督教刊物，此亦被延攬至上海內地會擔任文字事工的因由。[39]（附錄五）除了參與內地會從事文字出版事工以外，並借調至中國主日學協會，負責編輯高級主日學課程及教員課本。蘇牧由週一至週四於內地會總部辦公，而週五、六兩天則至中國主日學協會工作。內地會文字事工，主要編著及譯述單張、小冊、圖書、書籍等，工作相當忙碌。其中值得注意者為內地會編著的五十多種單張，印刊達千萬份，分贈各地華僑教會，故在國內外流通至廣。而內地會在上海之文字事工，於一九四九年後，南遷香港發展，成立證道出版社，發展至今。此外，尚值一提者為蘇牧在中國主日學協會，創作百餘首金句短歌。又為該會同工彭聖文撰寫的〈主日學校歌〉譜曲。時全國約有五萬個主日學，此歌乃為全國之主日學而設，頗見流通。期間蘇牧由於工作忙碌緊張，至一九四八年五月遂患「後腦時覺疼痛，記憶力漸差，近視程度加深」，且失眠厭食，出現神經衰弱症狀，最終離開工作崗位，至杭州靜養五個月。然隨著國共內戰，時局急轉，只得去國還鄉，於一九四九年一月南返香江，結束國內佈道，並展開其在港獨立傳教及環球佈道的新篇章。[40]

---

38 蘇佐揚：《蒙恩的腳蹤》，下集，頁240-243。

39 蘇佐揚：《蒙恩的腳蹤》，上集，頁126-128；下集，頁223-224。《天人報》日後在港出版，改稱《天人之聲》，以季刊形式出版。蘇牧去世後，由其長女蘇美靈主編，創刊至今未停。

40 蘇佐揚：《蒙恩的腳蹤》，下集，頁248-273。蘇牧稱在上海內地會任職至返港此一段為國內傳道第五圈，由華東到華南。其文字事工，並參《海外佈道蒙恩錄》（香港：基督教天人出版社，1983年），頁98-99；蘇佐揚：〈主日學校歌〉，第191期（2007年）。

四　結論

基督教自兩次鴉片戰爭後，獲得在華宣教之特權，歐美傳教士大舉東來傳教。其中英國戴德生於一八六五年首創內地會，以跨宗派信心差會形式，招攬歐美各地傳教士，深進中國「本部」邊省及「藩部」蒙新藏宣教。以穿華服、講華語、餐飲露宿，大量起用女性傳教士，借助本地助手，巡迴佈道，傳揚基要福音，拯救「未得之地」的人海亡靈。基督福音，即在內地會歐美男女傳教士及華人助手教牧共同努力下，促使福臨中華的呼召，得以遍傳中國大地，故成為清季民國宣教成果豐碩的重要差會。

原籍廣東定居香港的華人信徒蘇佐揚，出身教會家庭，自幼具有音樂文字之恩賜。由於獲得二十世紀著名華人佈道家宋尚節講道的靈恩感召，決志奉獻教會，北上而至山東，進入以培訓基要派教牧搖籃之華北神學院就讀，由是獻身教會。畢業後的蘇牧以創作聖詩，擅長文字的恩賜，自青年起投身國內南北各省以至香港，宣講福音，以有聲、無聲傳道，又參與神學教育、培訓傳道教牧，奉獻傳道之名聲日見漸露。二十世紀上半葉之中國，爆發日本侵華（1931-1945），時值國難，際此時艱，蘇牧奔走逃難於全國南北，歷盡艱辛，未忘救恩與呼召。於抗戰時勝利前後，被內地會為首的西北基督教聯合會，邀聘其出任總幹事一職，為其按立牧職。由是巡視甘、寧、青、陝各省之教區，發現西北教會由於交通困難，牧職缺乏，難以開展。遂建議開設靈修院及一家一兒奉獻運動，殊具卓見，促成西北基督教靈修院的開辦。隨即南下上海為內地會發展文字事工，編刊聖詩、單張，流播全國。惜值國共內戰，蘇牧工作過勞，神經衰弱，只得南返香江，結束受聘於內地會的有聲、無聲事工。然而蘇牧於內地會任職事奉，卻為其下半生的佈道、事奉，留下烙印，與內地會結下不解之緣。

此即自一九五三年起，蘇牧決定「順服上主呼召，辭去職務，不受薪水，自由到海外佈道」[41]，從此成為信心傳教之一員。依賴本港及世界各地

41 蘇佐揚：《海外佈道蒙恩錄》（香港：基督教天人出版社，1983年），頁103。

之自由奉獻，不獨支持其個人與家庭之生活，並且得以在港、臺成立天人社，天人神學院，出版屬靈期刊書籍，培訓教會「接班人」。蘇牧更進而至亞非、歐美各大洲巡迴佈道，期將福音，傳遍環球。[42]就此而論，蘇牧自一九五〇年代起至其二〇〇七年去世，其傳教方式，無疑為戴德生及內地會創下的信心事奉及巡迴傳道模式的仿照，此即內地會在華普傳的寶貴「遺產」（Legacy）。並得見於蘇牧宣教的身影。故蘇牧任職內地會之牧職事工，為時雖然短暫。然就其一生事奉而言，無疑可視其為內地會在華宣教所種下的果實，宜被其冠稱為中國內地會之華牧。

42 蘇佐揚：《海外佈道蒙恩錄》（香港：基督教天人出版社，1983年），頁112-124。見蘇牧於信心生活及家庭生活的蒙恩見證。

附錄一：民國十年（1921）中國內地會在各省教務實力表

省份	佈道所及傳教站			外國傳教士			中國教牧			守聖餐者			初等小學學生			高等小學學生			中學學生			教會		
	內地會	總數	百分比	內地會	總數	百分比	內地會	總數	百分比	內地會	總數	百分比	內地會	總數	百分比	內地會	總數	百分比	內地會	總數	百分比	內地會	總數	百分比
浙江	325	973	33%	82	344	24%	710	2,314	31%	11,422	48,079	24%	1,411	7,872	18%	229	1,746	13%				269	859	31%
江蘇	24	495	5%	59	938	6%	42	3,108	1%	1,004	29,783	3%	73	11,550	0.6%	31	5,015	0.6%	5	3,323	0.2%	19	314	6%
安徽	62	222	28%	41	172	24%	129	721	18%	1,341	5,070	26%	327	4,318	8%	53	1,016	5%				45	127	35%
江西	199	328	61%	102	226	45%	436	914	48%	4,855	7,827	62%	1,099	3,814	29%	57	982	6%				153	225	68%
湖北	15	402	4%	11	385	3%	29	1,394	2%	459	14,725	3%	53	3,049	2%							11	262	4%
湖南	73	472	15%	65	398	16%	131	1,282	10%	1,564	11,018	14%	361	6,432	6%	59	1,594	4%				44	235	19%
河南	182	502	36%	70	394	18%	317	1,357	23%	4,770	12,418	38%	739	5,855	13%	100	982	10%	84	275	31%	131	247	53%
山西	237	346	68%	131	240	55%	315	614	51%	5,148	8,340	63%	1,314	2,154	61%	201	304	66%	108	267	40%	163	229	71%
陝西	160	283	57%	87	126	69%	321	528	61%	4,485	7,081	63%	818	1,949	42%	32	274	0.1%				77	176	44%
甘肅	39	55	71%	48	72	67%	109	133	82%	795	1,336	60%	344	423	81%	36	63	57%				23	33	70%
直隸	13	538	2%	15	664	2%	16	1,904	0.8%	294	22,283	1%	38	8,554	0.4%							12	365	3%
雲南	103	202	51%	25	75	33%	111	272	41%	4,014	7,816	51%	735	1,782	41%	59	224	26%				64	128	50%
貴州	123	167	74%	35	45	78%	480	773	62%	5,938	9,446	63%	730	1,689	43%	37	189	20%				79	106	75%
四川	174	563	31%	122	543	22%	279	884	32%	4,473	12,954	37%	2,135	15,954	13%	258	1,835	14%	7	375	2%	114	369	31%
山東	4	1,392	0.3%	53	504	11%	15	2,951	0.5%	173	41,821	0.4%	64	17,081	0.4%							2	663	0.3%

出處：林美玫：《信心行傳——中國內地會在華差傳探析》（臺北市：花木蘭文化出版社，2009年），頁198。

附錄二：蘇佐揚牧師證書

西北基督教聯合會 牧師證書

茲證明蘇君佐揚係華北神

學畢業曾受本會聘為[illegible]

此證明

右給蘇佐揚牧執

會長 荀希天

按手牧師 張蒙恩

霍熙然

民國卅八年四月十五日

附錄三：甘肅圖

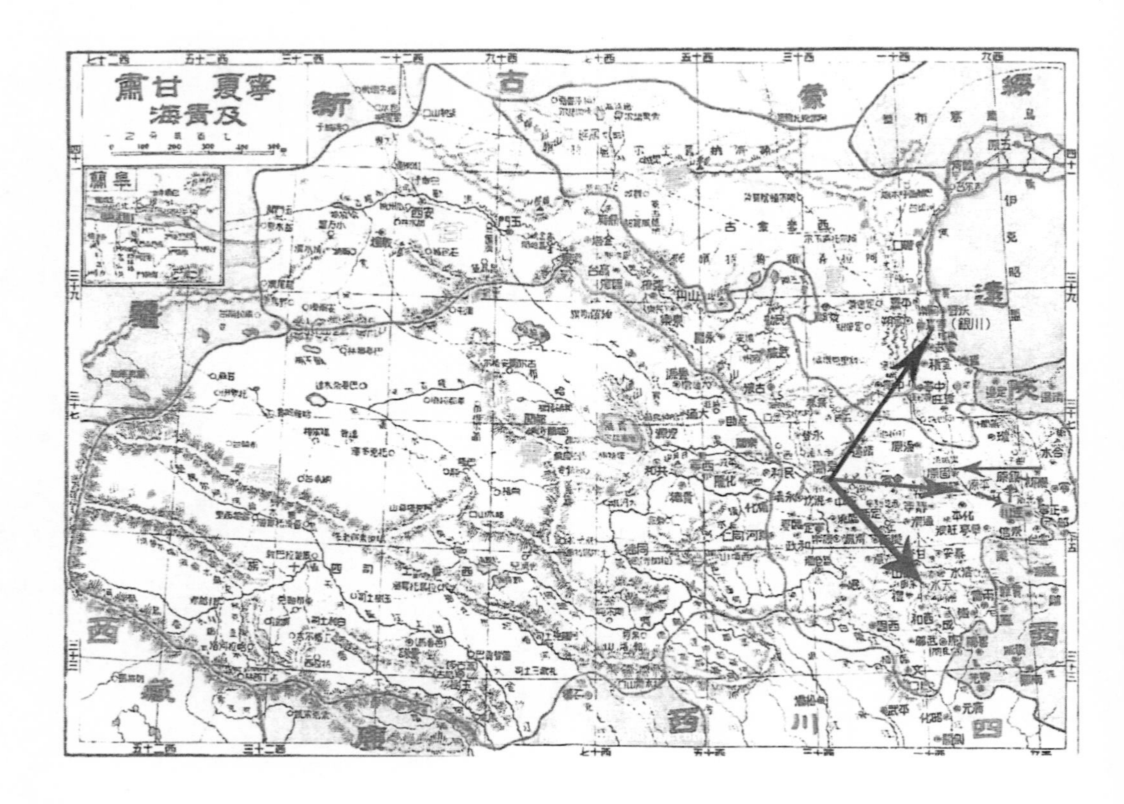

附錄四：金句短歌之出版

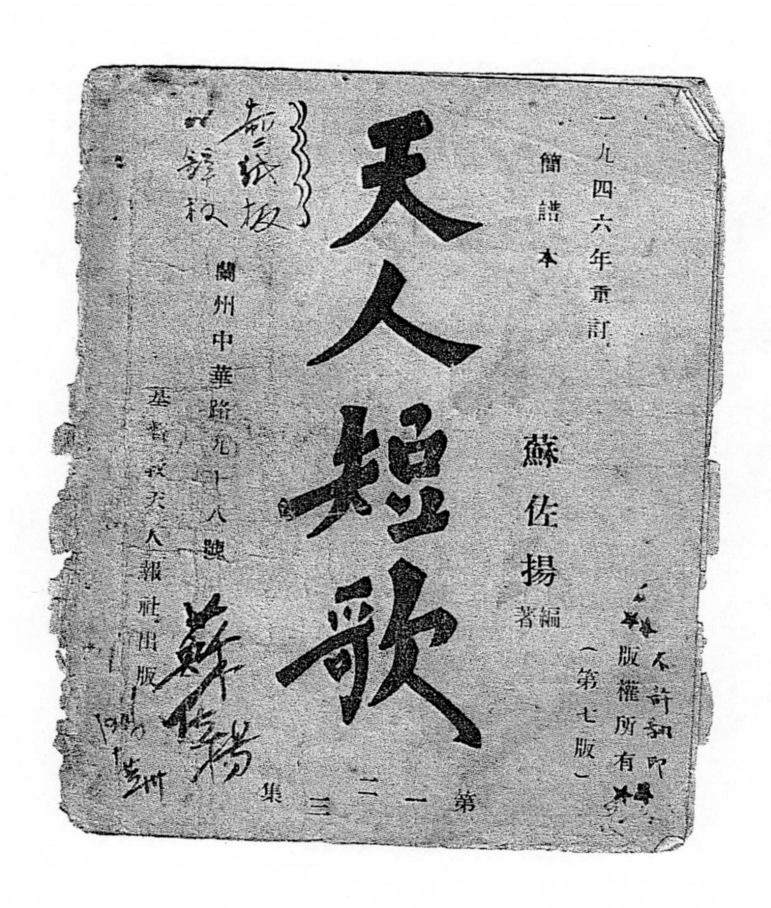

附錄五：復刊《天人報》

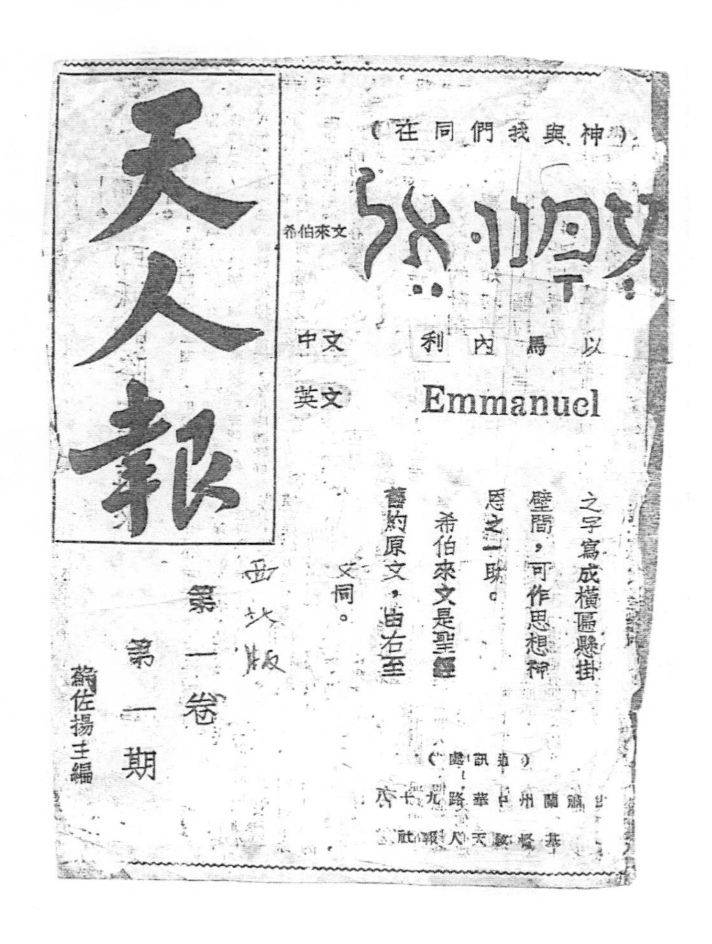
（神與我們同在）

希伯來文 עִמָּנוּ אֵל

中文 以馬內利

英文 Emmanuel

之字寫成橫匾懸掛壁間，可作思想神恩之一助。

希伯來文是聖經舊約原文，由右至左文同。

（通訊處）

出版 蘭州中華路九十六

基督教天人報社

天人報

西北版

第一卷

第一期

翁佐揚主編

歐陽佐翔牧師
(1919-2002)

第十章
香港基督教才子
——協基會歐陽佐翔牧師（1919-2002）的生平與事奉

基督教入華至二十世紀，教會日見本色化。其中最值得注意者，為華人教牧，傳道群體的出現，當中尤以奮興佈道家、佈道於海內外，最為矚目。[1]使華人慕道信教的數目，日見成長，而華人教會則日見規模。此一基督教入華歷史情勢的改變，導致學者開始關注華人教牧的生平與事奉。當中尤以查時傑於一九八三年首先起而為華人教牧立傳，出版《中國基督教人物小傳》（臺北市：中華福音神學院）一書，最為著稱。及至晚近，研究者漸多，[2]二十世紀華人教牧在中國基督教史上的地位，日漸明確。

至於香港一地，自一八四一年英國開埠，西方差會傳教士相繼來港宣教，包括英、美的浸信會、聖公會、倫敦傳道會、公理會、循道會及德國的三巴會——巴色（崇真會）、巴冕（禮賢會）、巴陵（信義會）等，相繼於本地建立教堂，[3]進而以香港為後勤基地及橋頭堡，進入中國此廣袤大地，開

1　梁家麟：《華人傳道與奮興佈道家》（香港：建道神學院，1999年），頁11-29、77-89。Daniel H. Bays, "The Growth of Independent Christianity in China, 1900-1937," in *Christianity in China: From the Eighteenth Century to the Present* (Stanford: Stanford University Press, 1996), pp. 307-316.

2　關於華人教牧研究的港臺、海外學者及成果，可參李金強：《自立與關懷——香港浸信教會百年史1901-2001》（香港：商務印書館，2002年），頁93、116之註12；國內學者對於此一課題，注意尚少，參邊曉利、劉崢、張西平編：〈中國基督教史論文索引〉，《基督宗教研究》第1輯（1999年），頁366-401，祇有一篇陳崇桂小傳，及十五篇關於吳耀宗。

3　劉粵聲：《香港基督教會史》（1941）（香港：香港浸信教會，1996年，重刊），頁1-27；Carl T. Smith, *Chinese Christians: Elites, Middlemen, and the Church in Hong Kong* (Hong Kong: Oxford University Press, 1985), pp. 1-11.

拓福音新工場。[4]香港即在此一背景下，基督教會得以日漸發展，上述宗派教會的華人信徒日增，而教牧領袖輩出，並促成二十世紀香港宗派教會的自立運動。其中尤以倫敦傳道會的道濟會堂、美南浸信會差會的香港浸信教會及公理會的美華自理會，最為突出，於二十世紀中國基督教自立運動之發展中，別樹一幟。[5]香港華人教牧逐漸接替西方傳教士牧養教會，福臨香江，終成事實。而本港華人教牧的生平與事奉，亦因而引起教會學者關注，開始為其立傳，較著者如劉瑞滔之《港粵澳名牧生平》（香港：香港中華基督徒送書會，1975年），書中共收港、粵、澳名牧十五人的生平事蹟，而香港華牧則獨占九人。並於書末刊一徵求港粵澳名牧生平傳記的啟事。[6]綜觀香港自十九世紀開教至今，華人教牧具有事奉見證者，何止千數；而足以列入教會史傳者，何止百數。由此可見，學者所撰香港華人教牧傳記，與實際具有貢獻及見證之牧者，堪稱不成比例。然香港華人教牧「一步一腳印」所建構而成的香港基督教會史，顯然有其重要意義，值得教會史學者重視及投以相應研究的心力。[7]

香港華人基督教聯會出版部有見及此，遂於二〇〇一年推動「教會人物

4　邢福增：〈1949年前香港教會的發展——宏觀歷史的考察（1842-1949）〉，《近代中國基督教史研究集刊》第4期（2001年），頁9-16。

5　李金強：〈二十世紀上半葉中國教會自立運動——以香港浸信教會為個案的研究〉，《近代中國基督教史研究集刊》第4期（2001年），頁41-45。

6　劉瑞滔編：《港粵澳名牧生平》，頁5-14、25-46、51-68、72-85，九位香港華牧傳記，分別為梁安統、鄺日修、王煜初、翁挺生、莫壽增、張祝齡、李求恩、曹思晃、李兆強。

7　邢福增：〈香港基督教史研究現況〉，林治平主編：《從險學到顯學》（臺北市：宇宙光，2002年），頁312-314；李金強：《自立與關懷——香港浸信教會百年史（1901-2001）》，頁43-51、頁93-103、130-134、166-169，同前註，收該會牧師生平包括湯傑卿、周家榮、禤良才、鍾子良、唐穗田、張文照、劉粵聲、黃日強、盧民任、潘子培、劉少康等十一位；潘玉娟：《汪彼得牧師在香港工作之初探》（香港：宗文社，2002年）；此外《基督教週報》歷年以來均有香港華牧傳記的刊登，見李志剛：〈1964至84香港基督教週報〉，《香港基督教會史研究》（香港：道聲書局，1987年），頁184-188，如鄺日修、李兆強、趙紫宸、劉福群、李求恩、趙世光、馮家鉉、陳翼堅、劉瑞滔、吳世燾、曹新銘等牧者。

口述歷史計劃」第一期，為本港年逾七十的退休教牧進行口述歷史及立傳的工作。筆者即為此一計劃的參與者之一，其中除息勞歸主及拒絕受訪者外，共有十位教牧完成口述歷史。[8]而本文所撰的歐陽佐翔牧師，即為此一計劃中的其中一位退休教牧。以下論述歐陽牧師的生平與事奉。

一　家世與決志

歐陽佐翔牧師（1919-2002），廣東從化縣人，出生於基督教家庭，自少在敬虔與和睦的宗教氛圍中成長，[9]從而奠定其奉獻為主、服務教會的一生。祖父觀漢公，少時家貧，至清遠官莊墟同益押，任職典當傭工。而二伯父愈檢，四伯父愈增、父親愈成亦先後從事典當職業。均深受東家器重，一家略有貲財而能行善好施。清季民國美南浸信會宣教兩廣，於從化開基建堂，觀漢公及其三子相繼於廣東反教風潮迭起之際，受同鄉信徒歐陽進寬引領，始行歸信基督，受洗加入從化浸信會，成為當地少有的基督教家庭。[10]其中愈增、愈成兄弟二人，最為親愛，故兄弟妯娌子姪一家共居，和睦相處，熱心教會事奉，盡力奉獻，又熱心鄉里公益，由是同被按立為會吏（執事），服務教會。而四伯母朱氏同樣熱心愛主，母親蘇彩雲，出身世家，養育子女八人，虔敬信主，持家有道。歐陽一家和睦相扶，遂得知名於鄉里，

8　〈香港華人基督教聯會出版部：教會歷史資料室教會人物口述歷史組會議〉（2003年11月6日），頁4。

9　歐陽佐翔：〈憶我的上一代〉（未刊稿），頁1。家中有祖父的鏡架禱文：「儆醒祈禱，感謝大恩，上帝愛子，耶穌基督，慈悲仁愛，蒙選入會，求神赦罪，棄惡從善，守主聖日，唱詩讚美，伏乞允准，誠心所願。」家中又有四伯父愈增的親筆對聯：「蒙天父祝福，謝上帝鴻恩」。

10　歐陽佐翔：〈歐陽進寬──暗世一明燈〉，《前賢景行錄》（香港：浸信會出版社，1984年），頁159-162。一八七七年肇慶人焦帶初到從化傳揚福音，時歐陽進寬受其感動歸信。然遭受族人迫害，後逃難至廣州，於八約浸信會任看堂，為堂主任曹法選牧師賞識而招其為婿。一九〇二年回鄉宣教，歐陽觀漢一家，即於其時歸信。又參〈從化教會〉，劉粵聲編：《兩廣浸信會史略》（1934）（香港：香港浸信教會，重印，1997年），頁289-291。據此推測歐陽觀漢約於一九〇三年加入教會。

為神作美好的見證。[11]

至十二歲時，父親病逝，孤弱無依，伯父愈增，被譽為與其父愈成乃「天下無雙的好兄弟」，手足情深，遂負起照顧牧師一家的重責。少年歐陽牧師即在喪失父愛之際，棖觸尤深。[12]十三歲時，決志信主，由徐廷璋牧師施洗加入從化浸信會。及至中學畢業後，蒙神呼召，隨即於一九三六年進入廣州東山之兩廣浸信會神道學校，接受神學教育。並獲其親如「細佬」的堂弟歐陽慶翔支持學習費用。[13]該校為兩廣浸信會神職人員的搖籃，畢業生名牧輩出。[14]就學期間，適逢中華浸信會入華百週年紀念大會，於大會中任招待之職，得以參與盛事。[15]又受教於兩廣名牧劉粵聲牧師、舊約教師唐穗田、國文教師劉公博及音樂教師何安東，深受影響，除靈命得以茁長外，並兼具對文字、聖樂的志趣與能力。[16]

---

11 歐陽佐翔：〈憶我的上一代〉（未刊稿），頁2；又參〈歐陽佐翔遺囑〉（未刊稿），頁1。謂愈增、愈成兄弟二人每每公開認獻會費。

12 歐陽佐翔：《處世漫談》（香港：1986年，自印），頁179-180，「十二歲喪父，幸賴母親茹苦含辛，撫育成人。」又謂自少喜愛黃自的〈天倫歌〉，每聽及「人皆有父，翳我獨無……白雲悠悠，江水東流。小鳥歸去已無巢，兒欲歸去已無舟……奮起吧，孤兒，警醒吧！迷途的羔羊！……」聽及必定熱淚盈眶，不能自已。

13 一羊（歐陽佐翔筆名）：〈憶慶翔細佬〉（未刊稿），歐陽慶翔為其四伯父長子，二人亦情同手足。及至歐陽慶翔於一九四五年入讀嶺南大學的協和神學院，歐陽牧師亦為其負起全部學習費用。日後歐陽慶翔亦為香港之浸信會名牧。

14 〈兩廣浸信會神道學校〉，劉粵聲編：《兩廣浸信會史略》（1934）（香港：香港浸信教會，重印，1997年），頁167-171。該校於一九〇七年正式成立，一九一五年建校舍於東山，為一三年制神道學院。一九三三年歸兩廣浸信會聯會接辦，由劉粵聲牧師出任校長。

15 歐陽佐翔：〈九十高齡兩牧師——張文照牧師、張雲如牧師〉，《前賢景行錄》（香港：浸信會出版社，1984年），頁106-107。謂於百年大會得見時任香港浸信會的張文照牧師，見其表現「精神奕奕，意氣風發，聲若洪鐘，活力充沛」，遂於日後為其立傳，又張文照生平，參李金強：《自立與關懷——香港浸信教會百年史》（香港：商務印書館，2002年），頁49-51。

16 〈歐陽佐翔牧師致李金強函〉（2002年6月11日），頁1。謂其曾修讀唐穗田牧師之舊約一科，盛稱其講課精彩。唐穗田牧師生平，參李金強：《自立與關懷——香港浸信教會百年史》（香港：商務印書館，2002年），頁48-49；又參李國權、李金強、湯泳詩：〈口述歷史——歐陽佐翔牧師〉（紐約：2001年6月17日），頁2。記劉公博為其寫作入門老師；何安東教其填詞譜曲。

二　國內事奉

隨著日本發動侵華戰爭，戰火由南至北。一九三九年日軍攻陷廣州，遂隨神道學校逃難西江，經肇慶，往新興縣水樓浸信會實習傳道。[17]跟隨美南差會女傳教士舒心慈（Margie Shumate）下鄉傳教，深受其無私、大愛、智慧，完全中國化及辛勤刻苦精神所感召。[18]隨後與慶翔及諸弟北上，輾轉流離至戰時省會曲江，參加華南浸信會國難服務團，投身抗戰洪流，從事救護軍、民的戰時工作。歐陽牧師回憶這一段歷史，每每以參與救傷，血染衣襟而自豪。稍後該服務團結束，再至連縣兒童教養院任導師，在「夜幕低垂號角鳴，童院四處無流螢」的情景下，開始閱讀與寫作。尤好五四新文學，遍讀名家如田漢、曹禺、郭沫若、林語堂的劇作；又心儀近代中國文藝先驅，日後信佛改號泓一大師的李叔同。[19]對其詩詞及詩中所流露的恬靜境界，最為喜愛，由是形塑其文藝性格與寫作才華，[20]而得以日後投身基督教文字藝術的奉獻事工。繼而從事創作劇本，完成其處女劇《國王的新衣》、《新生兒童》等，並且親自導演，於院內演出。[21]由此可見，青年時期的歐陽牧師，

---

17 葉愚漢：〈新興教會〉，劉粵聲編：《兩廣浸信會史略》（1934）（香港：香港浸信教會，重印，1997年），頁324-325。一九〇九年美南差會傳教士時樂士牧師（E.T. Sunggs）所創立之教會。一九一三年購屋名水樓，建立聖堂，故有水樓浸信會之稱。

18 歐陽佐翔：〈舒心慈——一位愛心著稱的女教士〉，《前賢景行錄》（香港：浸信會出版社，1984年），頁147-150。舒心慈於一九一四年自美國來粵傳教，以新興水樓為其宣教基地，辛勤佈道，並以愛心和刻苦著稱於同儕。在其努力下，新興教會發展旺盛。又深入雲浮，陽春兩地傳教，從而建立新、雲、陽傳道區。

19 熊尚厚：〈李叔同〉，《民國人物傳》（北京市：中華書局，1981年），頁150-152。李叔同於清季留學日本，加入同盟會，並組織「春柳社」話劇團。並於《茶花女》、《黑奴籲天錄》兩劇中以反角出演。被譽為近代中國話劇運動的先驅。

20 歐陽佐翔：〈憶我的上一代〉（未刊稿），頁1。歐陽牧師於童年時已經閱讀祖父的藏書，包括《幼學瓊林》、《明心寶鑑》、《四書》、《詩經》、《東周列國志》、《三國演義》、《聊齋誌異》、《水滸傳》、《隋唐傳》、《畢花醫鏡》等經史小說雜著，從而形成其愛好文藝的性格。

21 一羊：〈憶慶翔細佬〉（未刊稿），頁1；〈口述歷史——歐陽佐翔牧師〉（紐約：2001年6月17日），頁3。

於抗戰危難之際，在完成神學教育後，因應時艱，先後獻身教會的宣教、戰地服務及文字事工，從而體驗及實踐基督博愛濟世之寶訓，期間由於雅好文藝，從事戲劇創作，為其文字事奉，而初試啼聲，其戰時的修習與事奉，無疑為其一生牧養工作，打下良好基石。

一九四五年抗戰勝利後，重返廣州，首先任職嶺南大學校務處。繼而於翌年受聘於母校浸信會神道學校，任職校務處總幹事，參與戰後復校、招生等工作；[22]並協助院長趙恩賜博士處理校務文書及主編《新葉院刊》，二人又合作編寫《科學證道》、《營養與康健》以及一些宣道小冊子，為日後二人共同合作，從事傳道及出版事工的肇始。[23]其時歐陽牧師，又與一班志同道合的青年傳道人，在國共內戰之時局動盪中，成立「聖地春秋社」，出版《聖地春秋》，針貶教會時弊。[24]豈知由於勤於任事，凡事追求完美，竟然體力過度透支，於一九四六年病倒，染患肺結核病，時常咯血不止，祇得停止工作，至兩廣醫院接受醫療，幸而其時肺病特效藥鏈素（肺針）面世，獲得治療，病變部份呈鈣化跡象。[25]治後並回鄉休養。至一九四九年由於政局丕變，家鄉已難靜養。時堂弟慶翔南下香港，出任尖沙咀浸信會傳道。趙恩賜亦到香港，並計劃進行文字傳道的事工，在慶翔的穿針引線下，獲得趙氏邀約來港合作。一九五〇年五月十六日，遂南下香江。協助趙恩賜創設協基會及出版社，[26]揭開其傳道與文字事奉的新一頁。

22 歐陽佐翔：《處世漫談》（香港：1986年，自印），頁108。神道學校於戰時為日軍占用，作為馬廄。故復員後，院舍瘡痍滿目。歐陽牧師以幹事之職，負責監督修葺院舍、水電等工程。

23 〈歐陽佐翔牧師致李金強函〉（2002年6月11日），頁2。趙恩賜：《營養與康健》（香港：香港青少團部出版，1940年）。該書為趙恩賜於嶺南大學化學系講授營養化學的講章，全書共分十章，內容乃介紹人體所需的營養，及與健康的關係。

24 〈口述歷史——歐陽佐翔牧師〉（紐約：2001年6月17日），頁4。其時曾撰詩歌〈鄉村傳道者的嘆息〉，為鄉村傳道生活艱困抱不平。詞曰：「斬棘披荊揚主道，……妻兒無暇顧……金元數十，油鹽醬醋，苦苦苦，傳道苦，鄉村傳道苦中苦……。」

25 歐陽佐翔：《處世漫談》（香港：1986年，自印），頁32。自述病情經過。

26 〈歐陽佐翔牧師致李金強函〉（2002年6月11日），頁2-3。

三　香港事奉

歐陽牧師抵達香港後，至趙氏設立於長洲的「協基出版社」辦事，二人合作編寫及出版福音書籍。由是寓居山明水秀的長洲，工作之餘，於長洲浸信會事奉，任青年團及聖頌團導師，並在夏日華醫生悉心治療下，肺病完全康復。[27]

時趙恩賜又在嶺英中學校長洪高煌[28]及歐陽牧師的協助下，由出版文字事工作為開始，繼而於嶺英中學發展宗教教育，終於建立協基會，有鑑於香港教會，宗派林立，彼此隔閡，故立會以「同心協力，事奉基督」為宗旨，此亦該會命名的由來。首所教堂即為設於嶺英中學的嶺英堂。至一九六二年決定擴建教會，遂按立歐陽佐翔，包忠誠及羅明佑三位牧師，開拓堂址，成為本港的地方教會，並受美國基督教弟兄聯合會（Church of United Brethren in Christ）之資助，以其為母會，遂具差會背景。[29]並由趙氏出任協基會第一任監督。歐陽牧師於創會之初，任職出版社，副總幹事及主編，負責文字事工；其工作乃由趙氏提供材料，歐陽牧師負責編寫。自一九五〇年至一九五五年間先後出版培靈書籍《恩賜小叢書》九十種；為吸引少年人而出版的

---

27 〈歐陽佐翔牧師致李金強函〉（2002年6月11日），頁2-3；又參〈歐陽佐翔牧師生平簡述〉，《歐陽佐翔牧師紀念特刊》（紐約：2002年），頁1；歐陽佐翔：《處世漫談》（香港：1986年，自印），頁32。「辦事所設在風景怡人，民風淳厚的長洲小島。這裏有十分廉宜之海產，工作輕鬆，生活愉快，且有教會可以參與事奉，真有置身世外桃源之感。在此養息了五年，肺病已徹底痊癒。」

28 〈校長洪高煌傳略〉，《嶺英中學十週年紀念特刊》（香港：1948年），頁22。洪高煌，廣東潮安縣人，早年畢業於培英中學及嶺南大學，一九三二年獲取美國史丹福大學（Stanford University）教育博士學位。回國後於嶺南大學任教，出任培英中學校長，一九三八年於香港利園山創辦嶺英中學，為其時香港著名中學。

29 趙恩賜：〈發刊詞〉，〈協基會十五週年〉，《協基會感恩特刊》（香港：協基會，1965年），封面，頁8-9。老牛：〈三十歲月感信〉，《基督教協基會叁拾週年紀念特刊》（香港：香港協基會，1980年），頁3-4。趙恩賜生平，參周梓邦：《二十世紀下半葉的香港教會——以基督教協基會為個案》（香港：香港浸會大學歷史系榮譽學位論文，2002年），頁7-9。

《科學證道》一、二集，均見暢銷。繼而出版福音劇本十四種，兒童聖經故事，中英文聖詩及宣道集等，種類繁多。至六十年代，聘請林婉芬專任發行及推銷，趙元福為幹事，規模漸見完善，出版量大增。其中出版《實用聖經課程》五冊，為香港中學提供聖經教科書，獲得教會學校紛紛採用，最為著稱。[30] 至一九六二年被按立為牧師，開始牧會主恩堂，[31]並任該會副監督之職，繼而承擔路加、恩慈及嶺英三堂的購堂工作，[32]並主理路加堂，[33]由此可見，歐陽牧師為香港協基會的開創，貢獻心力，堪稱為協基會的「開國元老」。一九六七年出任第二任監督，前後十三年（1967-1980），拓展會務，包括會堂的增設、重組及改名，確立協基會具有主恩堂、恩慈堂、路加堂、嶺英堂及錫安堂五堂的規模。並推動各堂相繼完成自養自立，遂得以成為戰後香港的地方獨立教會。其次在該會出版福音劇的基礎上，創立協基聖藝團，開展話劇佈道，接二連三於港九各地巡迴演出福音劇，引起教會及社會的關注，為其任內最具表現的聖工。[34]又主編《協基月刊》，擴充文字事工，推動醫療教育、差傳，並設立「神學生基金」，培訓教牧人才，其中會友李

30 歐陽佐翔：〈協基出版社概述〉，《協基感恩特刊》（香港：協基會，1965年），頁12。

31 歐陽佐翔：〈三歲孩童話主恩〉，《協基感恩特刊》（香港：協基會，1965年），頁18。主恩堂為協基會第二間教堂，始建於銅鑼灣百利樓；繼遷油麻地立信大廈；一九六五年協基會於灣仔金禧大廈二樓，自購物業，成為協基會會所。遂將主恩堂及協基出版社遷入，繼續傳道、出版及醫療事工，至此香港協基會於焉確立。

32 李國權：〈忠僕兼良牧〉，《歐陽佐翔牧師紀念特刊》（紐約：2002年），頁12。李氏指出歐陽牧師認為香港地少人多，宜自購堂址作為長遠發展，故努力為主恩、路加、嶺英三堂籌款，完成購堂計劃，而恩慈堂的購堂計劃亦有參予。

33 〈歐陽佐翔致李金強函〉，頁4；陳介群：〈協基會路加堂〉，《基督教協基會五十週年金禧會慶紀念特刊》（香港：2001年），頁25。主恩堂遷至灣仔會所後，歐陽牧師先後租用彌敦道二〇四號及油麻地長樂街，成立九龍主恩堂。至一九六七年獲「聖路加慈善會」捐獻購堂費用，得以購買太子道西三〇一號B三樓為堂址，改稱「路加堂」。

34 老牛：〈三十歲月感言〉，《基督教協基會叁拾週年紀念特刊》（香港：協基會，1980年），頁4-5；又參〈聖藝團簡介〉，《基督教協基會叁十週紀念特刊》，頁20。該團宗旨「以藝術為工具，宣揚福音及發展聖工」。該團於一九七〇年演出四幕劇《一粒麥子》後，隨即宣告成立。相繼演出〈畫〉、〈第五牆〉、〈女畫家〉、〈和氏璧〉、〈眼〉、〈林維斌〉、〈黎明之前〉、〈第七四室〉、〈人造人〉、〈有房出租〉等劇。

國權即在其時受助進入伯特利神學院進修，協基會會務由是蒸蒸日上。期間並被華福會委任為香港區會書記，參加世界華人福音事工的推動。[35]

至一九八〇年退休，轉任榮譽監督，並義務主理路加堂，又出任香港浸信會出版部總編輯，香港華人基督教聯會的《基督教週報》文字部長。得以繼續參與基督教的文字事工，由是著作等身。

綜觀歐陽牧師的著述，在寓港期間，為其一生著述的豐收期。早期著述多與趙恩賜合作，由協基出版社出版，已於前述，然事實上皆由其執筆為文。此類合作出版物，屬於宣道，培靈者為《基督的使徒》（1960）、《學道初階》（1960）、《基督的神蹟》（1961）、《靈泉》（1965）、[36]《靈磐》（1966）。屬於福音劇類，[37]分別為《愛在神存》、《一杯涼水》、《舉家歡慶》、《聖誕之夜》、《救主降生》、《北極老人》、《美滿家庭》、《快樂的聖誕》、《接待耶穌》、《小天使》、《道路》、《法利賽人》、《最寶貴的遺產》、《天堂是誰家》、《以德報怨》、《誰是鄰舍》、《牧羊人》、《主復活了》、《一夕虛榮》、《人依何為生》等二十種。上述劇作，主要為獨幕劇，就其劇本形式而言，列出舞臺裝置圖樣或佈景說明，人物及對白等。就其劇本內容而言，多以現實生活見證福音或聖經故事為題材，其中尤多以聖誕節為背景。上列福音劇之出版，少則三版，多則六版，由此可見其受歡迎的程度。屬於教科書則有《實用聖經課程》，依照香港中學會考聖經科課程而編訂，亦可用作教會研經及主日學教材之用。全書共分五冊，內容以新、舊約聖經人物、舊約概要、耶穌生平及初期教會事蹟為主。文字淺顯，綜合近人聖經史地、註釋之作，並附有圖表，為一套良好的聖經入門讀物。

就歐陽牧師本人的著述而言，勵志書籍有《箴言寶訓》（香港：浸信會

35 周梓邦：《二十世紀下半葉的香港教會——以基督教協基會為個案》（香港：香港浸會大學歷史系榮譽學位論文，2002年），頁18-26。

36 趙恩賜：〈序〉，《靈泉》（香港：協基出版社，1965年），此書乃為紀念趙、歐陽二人文字合作事奉二十年而出版。

37 〈口述歷史——歐陽佐翔牧師〉（紐約：2001年6月17日），頁4。據歐陽牧師所說，其時香港及東南亞的華人教會，每逢聖誕節，均有話劇表演。而其時福音劇本不多，又多為譯作。此即協基會重視福音劇創作及出版的原因。

出版社，1965）、《處世漫談》（自印本，1986），後書乃將刊於《抉擇月刊》之〈生活指導漫談〉的專欄文章，結集出版。透過歐陽牧師對於中國及基督教文化、倫理的融通領悟，以及其個人人生體驗，為本港青年提出其處世之經驗談，該書不但指示青年人的人生修養與目標，且具有神學本色化的特色。[38]至於福音劇方面，除撰寫三套獨幕劇：《新造的人》、《除掉帕子》、《誠誠實實》外、開始撰寫長劇，共有三劇。一為《浪子慈父》，乃據路加福音十五章浪子的比喻而寫成的三幕劇；另一則為據約翰福音十二章而寫的《一粒麥子》四幕劇，最後為《如此人生》的四幕劇。又參與清唱劇歌詞的撰寫，包括《五餅二魚清唱劇》、《蟲蛹蝶新生命三部曲》，兩劇均由林聲翕作曲。以岳飛事蹟編寫的《盡忠報國清唱劇》，由李天星譜曲。

此外，尚出版《前賢景行錄》一書，此乃應《天糧月刊》之邀，將於該刊發表有關三十二位浸信會傳教士、教牧、信徒文章，結集成書。其中十三位傳記，日後亦收入徐松石牧師主編的《華人浸信會史錄》（香港：浸信會出版社，1972年），第五冊先賢傳略中，內中人物大多為歐陽牧師之相識者，為民國時期華南浸信會留下寶貴的傳記記錄。而歐陽牧師亦由此涉足於中國基督教史，並於晚年一度在美國波士頓的華人教會講授中國基督教史。[39]

綜觀歐陽牧師在港期間的著述，尤以編寫福音劇，最為突出，因而享譽於本港基督教界，[40]從而被譽稱為「基督教第一才子」。[41]及至一九八五年決定移民美國，遂結束在香港的一切事奉。

---

38 譚國治：〈序〉，《處世漫談》（香港：1986年，自印），頁3-4。

39 〈口述歷史——歐陽佐翔牧師〉（紐約：2001年6月17日），頁7。

40 李國權：〈忠於主託、燃盡一生——創會元老歐陽佐翔牧師〉，《協基季刊》第204期（2003年）。

41 周簡艷珍：〈人到無求品自高〉，《歐陽佐翔牧師紀念特刊》（紐約：2002年），頁23。

四　美國事奉

歐陽牧師寓美期間，退而不休，初受美國基督教弟兄聯合會所託，於紐約華埠開設華人教會，是為紐約華人協基會保羅堂的創設，[42]參與海外華人教會事工的發展。至一九九〇年二度退休，三子仁信邀其父歐陽牧師至休斯頓居住。時堂弟慶翔亦退休寄居於此，堂兄弟二人晚年重會，親密相聚，緬懷往昔，共同「陶醉在主的妙愛與骨肉親情之中」，[43]至一九九三年，重返紐約定居，進住聖瑪嘉烈老人大廈，[44]仍繼續文字事奉。參與《號角月報》、《曉光》及《華聲月刊》等刊物的編輯及撰稿，[45]而以「一羊」、「白丁」、「老牛」、「拿但業」等筆名，繼續撰文，老驥伏櫪而著述不輟，堪稱為華人教會中基督筆兵的模範。二〇〇一年歐陽牧師撰寫〈新世紀佐翔聖誕自壽詩草〉，詩云：

> 八二壽翁一聖民，體軀老邁內心新，退休廿載仍傳道，切慕千禧樂事神，世事如棋難預料，靈恩妙愛怎能申，茫亡天地斑斑史，挺立靈峯有幾人？[46]

歐陽牧師一生，熱愛基督，辛勤主道，歷久常新而念天地悠悠的宗教與歷史情懷，於詩中表露無遺。

五　結論

綜觀歐陽牧師一生，少年慕道，青年決志，處於國家危難之際，奮然宣

---

42 李琪華：〈痛憶〉，李瑞梅：〈滿有父母的心腸〉，《歐陽佐翔牧師紀念特刊》（紐約：2002年），頁18、21，指出該堂在歐陽牧師手創下，由家庭聚會演變為成立教會的艱辛歷程。

43 一羊：〈憶慶翔細佬〉（未刊稿），頁2。又歐陽慶翔牧師於一九九五年二月二十七日離世。

44 一羊：〈大家庭〉，《號角月刊》（2001年11月），頁2。

45 〈懷念歐陽佐翔牧師〉，《號角月刊》（2003年1月）。

46 〈歐陽佐翔牧師致李金強聖誕賀箋〉（2001年）。

揚聖道，此後終身事奉。就其傳道而言，參與香港協基會及紐約華埠會堂的創設，開拓華人宣教事工，克盡傳道人傳揚福音的天職；其於講壇，講道有條不紊，寓意深遠，令人回味，造就信徒靈性，實為本港華人教會難得的良牧。而其天性熱愛文藝，遂成基督筆兵，先後出任協基出版社主編及浸信會出版社總編，一生著作不輟。又參與推動戲劇佈道，堪稱為本港藝術及多媒介佈道的先驅。在其眾多的著述中，較著者包括勵志類的《處世漫談》、《箴言寶訓》，傳記類的《前賢景行錄》，戲劇類的《一粒麥子》、《如此人生》、《聖誕之夜》，詩歌類的《五餅二魚清唱劇》、《蟲蛹新生命三部曲》、《盡忠報國清唱劇》等，[47]立言宣教，斯足為華人教會之模範。

歐陽牧師於二○○二年聖誕之日息勞歸主。牧者其萎，然生平見證，歷歷如生，斯足令人緬懷、追思。

原配謝桂芳，早逝。續絃駱炎芳為其五十多年共患難的老妻，共養育三子，仁智、仁毅、仁信。四女，子平、小平、安平、港平。

47 〈歐陽佐翔遺囑〉（未刊稿），頁2，歐陽牧師自許上列著述為其代表作。

徵引書目

甲部　中文

〈中國教會新立牧者小傳〉　《中華基督教會年鑑》第11期（1921年）
〈汕頭區會史略〉　藏汕頭檔案館　〈敵偽政治檔案卷：偽中華基督教會嶺東大會〉　12-11-14
〈林之純牧師史略〉　《林之純牧師長禮儀節》　香港　基督教尖沙咀潮人生命堂　1980年
〈為天人之聲進入100期感恩〉　《天人之聲》第200期（2009冬年）
〈香港華人基督教聯會出版部：教會歷史資料室教會人物口述歷史組會議〉　2003年11月6日
〈旅港潮人基督教會略史〉　《旅港潮人基督教會1900週年報告》第1期（1933年）
〈校長洪高煌傳略〉　《嶺英中學十週年紀念特刊》　香港　1948年
〈送劉粵聲牧師榮休〉　《香港浸信會週刊》第10卷第25期（1957年）
〈彭文山〉　《中華基督教會年鑑》第4卷（1917年）
〈聖藝團簡介〉　《基督教協基會叁十週紀念特刊》
〈劉粵聲牧師之旅況（海外）〉　《真光雜誌》第28卷第9號（1929年）
〈歐陽佐翔牧師生平簡述〉　《歐陽佐翔牧師紀念特刊》　紐約　2002年
〈歐陽佐翔牧師致李金強函〉（2002年6月11日）
〈歐陽佐翔牧師致李金強聖誕賀箋〉（2001年）
〈歐陽佐翔遺囑〉（未刊稿）
〈薛承恩〉　《福州美以美會年會史》　福州市　1936年
〈懷念歐陽佐翔牧師〉　《號角月刊》　2003年1月。

〈鹽灶教會百年史略〉　汕頭市　汕頭市檔案館　民國資料12-11-14
《中華基督教會全國總會公報》　1930年第2卷至1933年第5卷　《大成老舊刊全文數據庫》　222.dachengdata.com
《尖沙咀浸信會五十週年金禧特刊（1939-1989）》　香港　尖沙咀浸信會　1989年
《劉粵聲牧師殯葬禮儀節》　香港　香港堅道浸信會　1960年
《懷念蘇佐揚牧師》　香港　基督教天人出版社　2008年
Baker, Robert A.著　蕭維元譯：《基督教史略》　香港　浸信會出版社　1981年
Cohen,Paul,蘇文峯譯　〈戴德生與李提摩太宣教方式之比較〉　林治平主編《基督教入華百七十年紀念集》　臺北市　宇宙光　1977年
Stauffer, Milton T., ed., 蔡詠春等譯　《中華歸主（修訂版）》　北京市　中國社會科學出版社　2007年
Taylor, Howard, 胡宣明節譯　《內地會創始人——戴德生傳》　香港　證道出版社　1970年
一羊（歐陽佐翔筆名）　〈憶慶翔細佬〉（未刊稿）
一羊（歐陽佐翔筆名）　〈大家庭〉　《號角月刊》（2001年11月）
力士弢　漢如選譯　〈美以美會史〉　《神學誌》第10卷第3號（1924年）
于力工　《西方宣教運動與中國教會之興起》　臺北市　橄欖出版社　2006年
尹文楷　〈二十五年來之香港教會〉　《真光》第26卷第6號（1927年）
方　豪　《中西交通史》　臺北市　中華文化出版事業　1953年　冊5
王元深　〈信道彙錄〉　《萬國公報》　臺北市　華文書局　1968年　冊3
王元深　〈歷艱明證記〉　羅彥彬輯　《禮賢會在華傳教史》　香港　禮賢會香港區會　1968年
王元深　《聖道東來考》　香港　1899年
王　東　〈結語——離心式移民的展開與客家方言群的裂變〉　《那方山水那方人　客家源流新說》　上海市　華東師範大學　2007年
王治心　《中國基督教史綱》　上海市　上海古籍出版社　2004年　重刊

王炳堃（即王謙如）　〈葉牧師行述〉　《萬國公報》　冊3
王炳耀　〈上合肥李傅相書〉　《萬國公報》　冊32
王炳耀　〈孝道折衷卷一〉　《萬國公報》　冊7
王炳耀　〈求議義一：傳教求義〉　《萬國公報》　冊20
王炳耀　〈治道論〉　《萬國公報》　冊5冊
王炳耀　〈拼音字譜自序〉（1897）　《清末文字改革文集》　北京市　文字改革出版社　1958年
王炳耀　〈時要論上〉　《萬國公報》　冊3
王炳耀　〈時要論下〉　《萬國公報》　冊3
王炳耀　〈勸捐文〉　《萬國公報》　冊3
王炳耀　〈議禁鴉片者行善勿怠力不中輟屆期可獲論〉　《萬國公報》　冊20
王炳耀　〈續答癡道人書〉　《萬國公報》　冊3
王爾敏　〈中國近代知識普及化之自覺及國語運動〉　《中央研究院近代史研究集刊》　第11期（1982年）
王爾敏　〈中華民國開國初期之實業建國思想〉　《中國近代現代史論集》　臺北市　臺灣商務印書館　1986年　18編（下年）
王誌信　《道濟會堂史——中國第一家自立教會》　香港　基督教文藝出版社　1986年
王誌潔編　《王氏家傳》　2005年　自印本
王曉靜　〈二十世紀普世教會合一運動的傑出人物——誠靜怡〉　《近代中國基督教史研究集刊》第10期（2014/2015年）
王　韜　〈香港紀略〉　《弢園文集外編》　第6卷
司　佳　〈從《日記言行》手稿看梁發的宗教觀念〉　《近代史研究》第6期（2017年）
朱杰勤　《東南亞華僑史》　北京市　高等出版社　1990年
老　牛　〈三十歲月感信〉　《基督教協基會叁拾週年紀念特刊》　香港協基會　1980年

何慶昌　〈二十世紀浸信會會牧——徐松石的生平與思想〉　《近代中國基督教史研究集刊》第5期（2002/2003年）

吳宗文　〈佳美腳蹤——徐松石牧師學案初述（二）、（三）〉　《基督教週報》第1822期（1999年7月25日）　第1823期（1999年8月1日年）

吳梓明　〈中國基督教歷史重探——三自運動與本土化中國基督教的發展〉　李金強、吳梓明、邢福增主編　《自西徂東：基督教來華二百年論集》　香港　基督教文藝出版社　2009年

吳梓明編　《宗教社會角色重探》　香港　香港中文大學崇基學院　2002年

吳義雄　〈自立與本色化：19世紀末20世紀初基督教對華傳教策略之轉變〉　《開端與進展——華南近代基督教史論集》　臺北市　宇宙光　2006年

吳義雄　《在宗教與世俗之間——基督教新教傳教士在華南沿海的早期活動研究》　廣州市　廣東教育出版社　2000年

吳劍麗　《夾縫中的少數派——基督新教在甘青地區的穆宣事業1878-1951》　香港　建道神學院　2015年

宋尚節　《失而復得的日記摘抄》　香港　宣道出版社　2006年

李志剛　〈早期香港教會史之研究〉　林治平主編　《從險學到顯學——2001年海峽兩岸三地教會史研究現況研討會論文集》　臺北市　宇宙光　2002年

李志剛　〈孫中山革命運動與老師區鳳墀長老之關係〉　林啟彥、李金強、鮑紹霖　《有志竟成——孫中山、辛亥革命與近代中國》　香港　中國近代史學會　2005年　下冊

李志剛　〈晚清廣東基督教教案之試析〉　《基督教與近代中國文化論文集》　臺北市　宇宙光　1990年　冊2

李志剛　〈郭士立牧師在港創立之福漢會及對太平天國之影響〉　《基督教與近代中國文化論文集》　臺北市　宇宙光　1989年

李志剛　〈黎力基入潮播道及林旗族人的傳承〉　邢福增、李凌翰主編　《潮汕社會與基督教史論》　汕頭市　汕頭大學出版社　2012年

李志剛　《香港基督教會史研究》　香港　道聲書局　1987年

李志剛　《容閎與近代中國》　臺北市　正中書局　1981年

李志剛　《馬禮遜牧師傳教事業在香港的延展》　香港　香港中文大學崇基學院　2007年

李志剛　《基督教早期在華傳教史》　臺北市　臺灣商務印書館　1985年

李志剛　《基督教與近代中國文化論文集》　臺北市　宇宙光　1989年

李志剛　《淺談基教與中國現代化》　香港　基督教文化學會　2009年

李亞丁　〈張蒙恩（1912-1990）〉　〈霍超然（1911-1991）〉　《華人基督教史人物辭典》　（http://www.bdcconline.net/zh-hant/stories/by-person/h/huo-chaoran.php）

李金強、吳梓明、邢福增　《自西徂東——基督教來華二百年論集》　香港　基督教文藝出版社　2009年

李金強、陳潔光、楊昱昇　《福源潮汕澤香江：基督教潮人生命堂百年史述（1909-2009）》　香港　商務印書館有限公司　2009年）

李金強、黃彩蓮　《基督教明燈——港九培靈研經會九十年史（1928-2018）》　香港　培靈研經會　2019年）

李金強、劉義章主編　《聲教廣披——基督教與華南方言族群》　香港　建道神學院　2016年

李金強　〈二十世紀上半葉中國教會自立運動——以香港浸信教會為個案的研究〉　《近代中國基督教史研究集刊》　4期（2001年）

李金強　〈中國基督教史研究之興起及其發展〉　《近代中國基督教史研究集刊》　創刊號（1998年）

李金強　〈王韜與基督教〉　《書生報國：中國近代變革思想之源起》　福州　福建教育出版社　2001年

李金強　〈同鄉、同業、同信仰——旅港潮人中華基督教會為個案之研究1923-1938〉　吳義雄編　《地方社會文化與近代中西文化交流》　上海市　人民出版社　2010年

李金強　〈抗戰時期的香港教會——以旅港潮人中華基督教會為例〉　李金

強、劉義章主編　《烈火中的洗禮：抗日戰爭的中國教會》　香港　香港建道神學院　2011年

李金強　〈兩廣名牧劉粵聲及其日記——《粵聲事記1918-1955》的刊印〉　《華南研究資料中心通訊》第29期（2002年）

李金強　〈香港華人與中國——何啟、胡禮垣之研究〉　《書生報國——中國近代變思想之源起》　福州市　福建教育出版社　2001年

李金強　〈香港道濟會堂與清季革新運動〉　陳建明、劉家峰主編　《中國基督教區域史研究》　成都市　巴蜀書社　2008年

李金強　〈基督教入華的預備時期——以潮汕開教為例〉　李金強、吳梓明、邢福增主編　《自西徂東——基督教來華二百年論集》　香港　基督教文藝出版社　2009年

李金強　〈基督教改革者——黃乃裳與清季改革運動〉　《書生報國——中國近代變革思想之源起》　福州市　福建教育出版社　2001年

李金強　〈基督教潮人生命堂的文本著述及其分析〉　王成勉主編　《十字架前的思索　文本解讀與經典詮釋》　臺北市　黎明文化事業公司　2010年

李金強　〈基督與中國近代社會轉型〉　《史學月刊》第10期（2013年）

李金強　〈從祖國到南洋——清季美以美會黃乃裳革命思想之起源〉　《聖道東來——中國近代基督教史之研究》　臺北市　宇宙光　2006年

李金強　〈清季愛國基督徒黃乃裳之研究〉　《近代中國歷史人物論文集》　臺北市　中央研究院近代史研究所　1993年

李金強　〈清季福州革命運動興起及其革命團體演進初探〉　《辛亥革命研討會論文集》　臺北市　中央研究院近代史研究所　1983年

李金強　〈現代化與自立——華南基督教史研究〉　黃文江、郭偉聯、劉義章主編　《法流十道——近代中國基督教區域史研究》　香港　建道神學院　2013年

李金強　〈詹冠群　《黃乃裳傳》書評〉　《人文中國學報》第1期（1995年）

李金強　《一生難忘：孫中山在香港的求學與革命》　香港　孫中山紀念館　2008年

李金強　《自立與關懷——香港浸信教會百年史1901-2001》　香港　商務印書館　2002年

李國權　〈忠於主託、燃盡一生——創會元老歐陽佐翔牧師〉　《協基季刊》第204期（2003年）

李金強、湯泳詩　〈口述歷史——歐陽佐翔牧師〉　紐約　2001年6月17日

李金強　〈忠僕兼良牧〉　《歐陽佐翔牧師紀念特刊》

李琪華　〈痛憶〉　李瑞梅　〈滿有父母的心腸〉　《歐陽佐翔牧師念特刊》

李　楠　〈回顧與前瞻：30年來中國內地會史研究〉　《宗教學研究》第2期（2015年）

李榭熙　〈19世紀中期（1835-1860）華人浸信會教民的曼谷——香港——潮州跨國網絡〉　《東南學術》第1期（2002年）

杜式敏　〈近代汕頭基督教會女校研究——以淑德女校為例〉　邢福增、李凌翰主編　《潮汕教會與基督教史編》　汕頭市　汕頭大學出版社　2012年

邢福增、李凌翰主編　《潮汕社會與基督教史論》　汕頭市　汕頭大學出版社　2012年

邢福增、梁家麟　《中國祭祖問題》　香港　建道神學院　1997年

邢福增　〈1949年前香港教會的發展——宏觀歷史的考察（1842-1949）〉　《近代中國基督教史研究集刊》第4期（2001年）

邢福增　〈本色化與民國基督教教會史研究〉　《近代中國基督教史研究集刊》　創刊號（1998年）

邢福增　〈近代中國基督教的研究趨向——以美國及臺灣為例〉　《衝突與融合——近代中國基督教史研究論集》　臺北市　宇宙光　2006年

邢福增　〈香港基督教史研究現況〉　林治平主編　《從險學到顯學》　臺北市　宇宙光　2002年

邢福增　〈香港開埠初期的潮語教會（1842-1860）〉　邢福增、李淩翰主編《潮汕教督教史論》

邢福增　《文化適應與中國基督徒1860至1911年》　香港　建道神學院　1995年

邢福增　《香港基督教史研究導論》　香港　建道神學院　2004年

周啟榮　〈評蘇精「馬禮遜與中文印刷出版」〉　《近代中國基督教史研究集刊》第4期（2001年）

周梓邦　《二十世紀下半葉的香港教會——以基督教協基會為個案》　香港浸會大學歷史系榮譽學位論文　2002年

周簡艷珍　〈人到無求品自高〉　《歐陽佐翔牧師紀念特刊》

（林）之純　〈汕頭區會五十年大事記〉　《青年季刊》（尖沙咀生命堂青年團契）第27期（1958年）

（林）之純　〈潮汕教會史略〉　《青年季刊》（尖沙咀生命堂青年團契）第26期（1958年）

（林）之純　〈基督教港九潮人生命堂史略〉　《生命週刊》第23卷第34期（1969年）

（林）之純　《林之純牧師講道集》　香港　宗聖堂　1977年

（林）之純　〈創堂五十週年史略〉　《基督教旅港潮人生命堂創堂五十週年紀念特刊（1909-1959）》　香港　1959年

林治平　〈平民階級中的英雄〉　《基督教與中國近代化論集》　臺北市　臺灣商務印書館　1970年

林治平　〈基督教與中國現代化〉　《基督教與中國論集》　臺北市　宇宙臺灣光出版社　1993年

林治平　《基督教與中國論集》　臺北市　宇宙光　1993年

林治平等著　《序論合集》　臺北市　宇宙光　2006年

林美玫　《信心行傳——中國內地會在華差傳探析（1865-1926）》　臺北市　花木蘭文化出版社　2009年

林榮洪　《中華神學五十年1900-1949》　香港　中國神學研究院　1998年

花之安　《自西徂東》（1879）　上海市　上海書店　2002　重印年

邵玉銘編　《二十世紀中國基督教問題》　臺北市　正中書局　1980年）
姜嘉榮　〈近代中國自立與合一運動之始源　閩南教會〉　《近代中國基督教史研究集刊》第5期（2002/2003年）
姜嘉榮　〈近代中國基督教區域研究述評——以中國及西方研究為個案〉《近代中國基督教史研究集刊》第2期（1999年）
查時傑　《中國基督教人物小傳》　臺北市　中華福音神學院出版社　1983年
查時傑　《民國基督教史論文集》　臺北市　宇宙光　1993年
胡衛清、姚倩璞　〈聖俗之間：近代潮汕地區的基督徒與教會〉　《韓山師範學院學報》　第4期（2001年）
胡衛清　〈近代教會歷史模式的構建：以潮惠長老會為個案〉　《晉陽學刊》第1期（2012年）
胡衛清　〈近代潮汕地區基督教傳播的初探〉　《潮學研究》第9期（2001年）
胡衛清　〈教會譜系：潮惠長老會的歷史書寫〉（未刊手稿）
徐杰舜　〈客家人的形成及人文特徵〉　《廣西客家研究綜述》　桂林市　廣西師範大學　2005年
徐松石　〈旅滬廣東浸信會〉　《晨星季刊》第2期（1940年）
徐松石　《徐松石民族學文集》　桂林市　廣西師範大學出版社　2005年　上、下卷
徐松石　《基督教與中國文化》　香港　浸信會出版社　1962年
徐松石　《華人浸信會史錄》　香港　浸信會出版社　1972年　第1輯
徐松石　《歸主六十五年》　香港　尖沙咀浸信會　1999年
徐映奇　〈中法戰爭時期廣東基督教教案與嶺南文化特性〉　《廣東省社會主義學報》　第3期（2004年）
徐謙信　〈臺灣島史和基督教〉　《臺灣基督長老教會百年史》　臺南市　臺灣基督教長老會　1995年
海恩波、簡又文譯　《傳教偉人馬禮遜》　香港　輔僑出版社　1956年
袁景奎　〈袁曰俊牧師行略〉　《中華基督教會年鑑》第2期　1915年

馬禮遜夫人編　顧長聲譯　《馬禮遜回憶錄》　上海市　上海書店　2006年
區斯湛、區斯深編　《區鳳墀先生傳：追悼會彙錄》　香港　1914年
張先清　《官府、宗族與天主教：17-19世紀福安鄉村教會的歷史敘事》　北京市　中華書局　2009年
張西平、卓新平　《本色之探——20世紀中國基督教文化學術論集》　北京市　中國廣播電臺出版社　1999年
張志偉　〈王煜初牧師傳〉　《近代中國基督教史研究集刊》第4期（2001年）
張志偉　〈晚清基督徒調適基督教與中國文化的嘗試——王謙如的「超儒論」研究〉　《建道學刊》第23期（2005年）
張祝齡　〈香港道濟會堂自立之原因及辦法〉　《中華基督教會年鑑》（1914年）　冊1
張祝齡　〈區鳳墀長老傳略〉　《中華基督教會年鑑》第2期（1915年）
張葆初　〈長老宗略史與其合一運動〉　《中華基督教會年鑑》（1925年）
張德昌　〈清代鴉片戰爭前之中西沿海通商〉　《中國近代現代史論集》　臺北市　臺灣商務印書館　1986　第1編
梁元生　《林樂知在華事業與萬國公報》　香港　中文大學　1978年
梁柱臣　〈何牧師事略〉　《教會新報》　臺北市　華文書局　1968年重刊　冊3
梁家麟　《徘徊於耶儒之間》　臺北市　宇宙光　1997年
梁家麟　《華人傳道與奮興佈道家》　香港　建道神學院　1999年
梁家麟　《廣東基督教教育（1807-1953）》　香港　建道神學院　1993年
清潔理　R. F. Fitch、楊蔭瀏譯　《馬禮遜小傳》（1934）　香港　聖書公會　1953年　重刊
郭廷以　《近代中國的變局》　臺北市　聯經出版事業公司　1987年
陳介群　〈協基會路加堂〉　《基督教協基會五十週年金禧會慶紀念特刊》　香港　2001年
陳希賢摘譯　〈福音入潮簡介〉　《慶祝福音傳入潮汕125週年紀念特刊》　香港　1972年

陳　達　《南洋華僑與閩粵社會》　長沙市　商務印書館　1938年
陳劍光　〈華人教會歷史拾遺〉　《近代中國基督教史研究集刊》第5期（2002-2003年）
陳澤霖　〈基督教長老會在潮汕〉　《廣東文史資料》第8輯（1963年）
陳聲柏　〈近代甘南地區的基督教傳播〉　蘭州大學學報（社科版）第35卷第1期（2007年）
陳麗華　〈香港客家研究綜述〉　劉義章主編　《香港客家》　桂林市　廣西師範大學出版社　2005年
陶飛亞、楊衛華　《基督教與中國社會研究入門》　上海市　復旦大學出版社　2009年
溫國符　〈余錫九牧師傳〉　《中華基督教會年鑑》第2期（1915年）
游紫玲　《平民階級中的英雄——馬禮遜》　臺北市　宇宙光　2006年
湯森　王振華譯　《馬禮遜：在華傳教士的先驅》　鄭州市　大象出版社　2002年
湯開健、曾金蓮　〈中國西北地區天主教及基督新教史研究現狀與史料〉　《西北民族研究》第4期（2011年）
覃乃易　〈徐松石「地名考證法」及其對民族學的貢獻〉　《廣西民族研究》第1期（2006年）
賀愛霞　〈一位久被忽視的中國教育神學者——赫士博士〉　《近代中國基督教史研究集刊》第11期（2019/2020年）
馮自由　《革命逸史》　臺北市　臺灣商務印書館　1969年　重印　第二集
黃一農　《兩頭蛇　明末清初的第一代天主教徒》　新竹市　清華大學出版社　2005年
黃乃裳　〈紱丞七十自敘〉　劉子政編著　《黃乃裳與新福州》　新加坡　南洋學會　1979年
黃文江等編　《變局下的西潮——基督教與中國的現代性》　香港　建道神學院　2015年
黃宇和　《孫中山與英國》　臺北市　臺灣學生書局　2005年

黃彩蓮　《福音在南陲——浸信會與宣道會在廣西的傳教與事工（1862-1945）》　香港　浸信會出版社　2004年

黃智奇　《亦有仁義——基督教傳教士與鴉片貿易鬥爭》　香港　宣道出版社　2004年

楊大春　《晚清政府基督教政策初探》　北京市　金城出版社　2004年

楊天保、謝振治　〈徐松石著作事跡編年考略（1899-1999）〉　《田野與文獻》第44期（2006年）

楊森富　《中華基督教本色化論文集》　臺北市　宇宙光　2006年

溫呈祥　〈在世俗與宗教之間——知識分子徐松石研究〉　桂林市　廣西師範大學　中國近現代史碩士論文　2009年

熊尚厚　〈李叔同〉　《民國人物傳》　北京市　中華書局　1981年

趙曰北　《歷史光影中的華北神學院》　香港　中國國際文化出版社　2015年

趙恩賜　〈發刊詞〉　〈協基會十五週年〉　《協基會感恩特刊》　香港　香港協基會　1965年

趙恩賜　《營養與康健》　香港　香港青少團部出版　1940年

趙恩賜　《靈泉》　香港　協基出版社　1965年

劉紹麟　《中華基督教會合一堂史：從1843年建基至現代》　香港　中華基督教會合一堂　2003年

劉詒恢　〈「劉氏家譜」校點——潮汕基督教本土化史料舉隅〉　《汕頭大學學報（人文社會科學報）》第10卷增刊（2003年）

劉瑞滔編　《港粵澳名牧生平》　香港　中華基督徒送書會　1975年

劉粵聲　〈把船開到水深之處下網打魚〉　《香港浸信會聯會月刊》復刊第3卷第4期（1948年）

劉粵聲　《金港天聲》　廣州市　金港天聲社　1933年

劉粵聲　《信徒秦鏡》　廣州市　金港天聲社　1935年

劉粵聲　《美洲華僑教會》　三藩市　全美華僑基督教大會　1933年

劉粵聲　《粵聲事記》（手稿本年）

劉粵聲　《粵聲講道集》　香港　浸信會出版社　1965年

劉粵聲編　《香港基督教會史》(1941)　香港　浸信教會　1996年　重刊
劉粵聲編　《廣州基督教概況．兩廣浸信會史》　香港　浸信教會　1997年　重印
劉澤榮　〈汕頭長老會〉　《中華基督教會年鑑》　1916年
歐陽佐翔　〈三歲孩童話主恩〉《協基感恩特刊》　香港　協基會　1965年
歐陽佐翔　〈協基出版社概述〉《協基感恩特刊》　香港　協基會　1965年
歐陽佐翔　〈憶我的上一代〉(未刊稿年)
歐陽佐翔　《前賢景行錄》　香港　浸信會出版社　1984年
歐陽佐翔　《處世漫談》　香港　1986　自印
潘玉娟　《汪彼得牧師在香港工作之初探》　香港　宗文社　2002年
蔡香玉　〈評「福源潮汕澤香江：基督教潮人生命堂百年史述(1909-2009)」〉《近代中國基督教史集刊》第9期(2012年)
蔡香玉　《晚清民國潮汕地區基督宗教女性研究》　廣州市　中山大學博士論文　2011年
蔡錦圖　《戴德生與中國內地會1832-1953》　香港　建道神學院　1998年
蔣祖緣、方欣編　《簡明廣東史》　廣州市　廣東人民出版社　1987年
鄭天挺　〈馬禮遜父子〉　《歷史教學》第2期(1954年)
黎子鵬　〈發現米憐之墓(馬六甲)〉　《近代中國基督教史研究集刊》第8期(2008/2009年)
盧信光、鄺柳春　〈旅滬粵人之教會〉　《中華基督教會年鑑》第4期(1917年)
盧龍光、湯開建等　《苦難中成長的教會——英國循道公會佛山傳教發展史(1851-1949)》　香港　宗文社　2011年
謝詩詠　〈二十世紀華人佈道家蘇佐揚牧師〉　《近代中國基督教史研究集刊》第7期(2006/2007年)
鍾清源　〈黎牧師力基行述〉　《萬國公報》第69卷(1894年)
簡又文　《中國基督教的開山事業》　香港　基督教輔僑出版社　1956年
謝洪賚著，趙曉陽、趙鐸編注　《中國耶穌教會小史：謝洪賚文選》　臺北市　周聯華紀念基金會　2020年

顏清湟　《海外華人的社會變革與商業成長》　廈門市　廈門大學出版社　2005年
羅彥彬輯　《禮賢會在華傳教史》　香港　禮賢會香港區會　1968年
羅香林　《客家研究導論》(1933)　臺北市　集文書局　1925年
羅香林　《香港與中西文化之交流》　香港　中國學社　1961年
羅腓力編著　《宣道與中華　宣道會早期在華宣教史略》　香港　宣道出版社　1997年
譚希天　《希天文輯》　香港　美天企業　1962年
譚國治　《處世漫談》　香港　1986年　自印
譚樹林　《馬禮遜與中西文化交流》　杭州市　中國美術學院出版社　2004年
譚樹林　《馬禮遜與中國文化論稿》　臺北市　宇宙光　2006年
邊曉利、劉崢、張西平編　〈中國基督教史論文索引〉　《基督宗教研究》第1輯（1999年）
龐濟燎　〈徐松石教育觀的歷史嬗變〉　《桂林師範高等專科學校學報》第27卷第3期（2013年）
蘇佐揚　《星馬心影》　香港　基督教天人出版社　1954年
蘇佐揚　《時代真理》　香港　基督教天人出版社　1964年
蘇佐揚　《海外佈道蒙恩錄》　香港　基督教天人出版社　1983年
蘇佐揚　《神人宋尚節　1901-1944》　香港　基督教天人出版社　1958年
蘇佐揚　《蒙恩的腳蹤》　下集
蘇　精　〈林則徐的翻譯梁進德〉　《中國，開門！——馬禮遜及相關人物研究》　香港　基督教中國宗教文化研究社　2005年
蘇　精　〈評馬禮遜回憶錄〉　《近代中國基督教史研究集刊》　6期（2004-2005年）
蘇　精　《上帝的人馬——十九世紀在華教士的作為》　香港　基督教中國宗教文化研究社　2006年
蘇　精　《西醫來華十記》　臺北市　元華文創　2019年
蘇　精　《馬禮遜與中文印刷出版》　臺北市　臺灣學生書局　2000年

蘇　精　《基督教與新加坡華人（1819-1846）》　新竹市　清華大學　2010年
顧長聲　《從馬禮遜到司徒雷登——來華新教傳教士評傳》　上海市　上海人民出版社　1955年
顧長聲　《傳教士東來傳救恩論文集錦》　臺北市　宇宙光　2006年

乙部　英文

Band, Edward　*Working His Purpose Out, The History of the English Presbyterian Mission, 1847-1947*　Taipei: Ch'ing Wen reprinted　1972

Bays, Daniel H. ed.　*Christianity in China: From the Eighteenth Century to the Present*　Stanford: Stanford University Press　1996

Bays, Daniel H. ed.　*A New History of Christianity in China*　UK: Wiley-Blackwell　2012

Bohr, P. Richard　"Liang Fa's Quest for Moral Power," in Suzanne Wilson Barnett and John K. Fairbank eds.　*Christianity in China: Earl Protestant Missionary Writings*　Cambridge: Harvard University Press　1985

Cai, Ellen Xiang-yu　"The Itinerant Preaching of Three HokloEvanglists in Mid-19th Century Hong Kong,"　*International Journal on the History of European Expansion and Global Interaction*　no. 3 (2009)

Carlson, Ellsworth C.　*The Foochow Missionaries, 1847-1880*　Cambridge: Harvard University Press　1974

Dean, William　*The China Mission*　New York: Sheldon & Co.　1859

Genähr, J.　"The Life History of Pastor Wong Yuk-cho," *The Chinese Recorder* 35:8 (1904)

Gutzlaff, Charles　*Journal of Three Voyages Along the Coast of China in 1831, 1832, 1833*　London: Frederick Westley and A. H. Oasis　1834

Hamrin, Carol Lee and Stacey Bieler, eds. *Salt and Light: Lives of Faith that Shaped Modern China* Eugene, Oregon: Pickwick Publications 2009-2010 2 vols.

Harrison, Brian *Waiting for China: The Anglo-Chinese College at Malacca 1818-1843, and Early Nineteenth-Century Missions* Hong Kong: Hong Kong University Press 1979

Hipps, John Burder *History of the University of Shanghai* Board of Founders of the University of Shanghai 1964

Latourette, Kenneth S. *A History of Christian Missions in China* London: Society for Promoting Christian Knowledge 1929

Legge, James "The Colony of Hong Kong," (1872) *Journal of the Hong Kong Branch of the Royal Asiatic Society* Vol. 11 (1971)

Lindsay Ride *Robert Morrison: The Scholar and the Man* Hong Kong: Hong Kong University Press 1957

Liu, Kwang-Ching *American Missionaries in China: Papers from Harvard Seminars* Cambridge M.A. : Harvard University Press 1970

Lutz, Jessie G., "Chinese Christianity and Christian Missions, Western Literature: The State of the Field," 《近代中國基督教史研究集刊》創刊號（1998年）

MacGillivray, D. *A Century of Protestant Missions in China 1807-1907* New York: American Tract Society 1907

Medhurst,W.H. *China: Its State and Prospects, with Especial Reference to the Spread of the Gospel: Containing Allusions to the Antiquity, Extent, Population, Civilization, Literature, and Religion of the Chinese* London: John Snow 1838

Menzies, Gavin *1421: The Year China Discovered America* New York William Morrow 2003

Pfister, Lauren, "A Transmitter But not a Creator: Ho Tsun-sheen (1817-1871), The First Modern Protestant Theologian," in Irene Eber, Sze-Kar Wan,

Knut Walf eds. *Bible in Modern China: The Literary and Intellectual Impact* Sankt Agustin: Institut Monumenta Serica 1999

Ride, Lindsay *Robert Morrison: The Scholar and the Man* Hong Kong: Hong Kong University Press 1957

Rubinstein, Murray A. *The Origins of the Anglo-American Missionary Enterprise in China, 1807-1840* Lanham: Scarecrow Press 1996

Smith, Carl T. *Chinese Christians: Elites, Middlemen, and the Church in Hong Kong* Hong Kong: Oxford University Press 1985

Starr, J. Barton "The Legacy of Robert Morrison," *International Bulletin of Missionary Research* 1988 (April).

Suzanne Wilson Barnett and John K. Fairbank eds. *Christianity in China – Early Protestant Missionary Writing* Cambridge: Harvard University Press 1985

Tiedemann, R.G. "The Localization of Christianity in North China," 黃文江、郭偉聯、劉義章主編 《法流十道——近代中國基督教區域史研究》 香港 建道神學院 2013年

Wang, Gungwu *China and the Chinese Overseas* Singapore: Time Academic Press 1991

West, Andrew C. *Catalogue of the Morrison Collection of Chinese Books* London: University of London, School of Oriental and African Studies 1998

Wylie, Alexander *Memorials of Protestant Missionaries to the Chinese (1867)* Taipei: Ch'eng-wen Publishing Co. 1967 reprinted

Yao, Kevin Xiyi *The Fundamentalist Movement Among Protestant Missionaries in China 1920-1937* New York: University Press of America 2003

Zotzache, Jost Oliver "The Missionary and the Chinese "Helper": A Re-Appraisal of the Chinese Role in the Case of Bible Translation in China," 《近代中國基督教史研究集刊》第3期（2000年）

Zotzache, Jost Oliver *The Bible in China: The History of the Union Version on the Culmination of Protestant Missionary Bible Translation in China* Sankt Augustin Germany: Institute Monumenta Serica 1999

大學叢書·香港浸會大學近代史研究中心專刊　1704002

近代中國牧師群體的出現

著　　者　李金強
責任編輯　呂玉姍
特約校對　林秋芬

發 行 人　林慶彰
總 經 理　梁錦興
總 編 輯　張晏瑞
編 輯 所　萬卷樓圖書股份有限公司
排　　版　林曉敏
印　　刷　博創印藝文化事業有限公司
封面設計　菩薩蠻數位文化有限公司

發　　行　萬卷樓圖書股份有限公司
臺北市羅斯福路二段 41 號 6 樓之 3
電話　(02)23216565
傳真　(02)23218698
電郵　SERVICE@WANJUAN.COM.TW
香港經銷　香港聯合書刊物流有限公司
電話　(852)21502100
傳真　(852)23560735

ISBN 978-986-478-360-1
2020 年 10 月初版二刷
2020 年 7 月初版
定價：新臺幣 260 元

如何購買本書：
1. 劃撥購書，請透過以下郵政劃撥帳號：
帳號：15624015
戶名：萬卷樓圖書股份有限公司
2. 轉帳購書，請透過以下帳戶
合作金庫銀行　古亭分行
戶名：萬卷樓圖書股份有限公司
帳號：0877717092596
3. 網路購書，請透過萬卷樓網站
網址　WWW.WANJUAN.COM.TW
大量購書，請直接聯繫我們，將有專人為您服務。客服：(02)23216565　分機 610
如有缺頁、破損或裝訂錯誤，請寄回更換

國家圖書館出版品預行編目資料

近代中國牧師群體的出現 / 李金強著. -- 初版. -- 臺北市 : 萬卷樓, 2020.07

面； 公分. -- (大學叢書. 香港浸會大學近代史研究中心專刊 ; 1704002)

ISBN 978-986-478-360-1(平裝)

1.傳教史 2.基督教傳記 3.中國

248.2　109004971